भारत की कहानी

स्वदेश-परिचय : 1

भारत की कहानी

(भारत सरकार द्वारा पुरस्कृत)

डॉ. भगवतशरण उपाध्याय

राजपाल

स्थापित 1912
100 वर्षों की
श्रेष्ठ प्रकाशन परम्परा
राजपाल

₹ 90

ISBN : 9788170284659

BHARAT KI KAHANI (Story)

by Dr. Bhagwat Sharan Upadhayaya

मुद्रक : जी. एस. ऑफसेट, दिल्ली

राजपाल एण्ड सन्ज़

1590, मदरसा रोड, कश्मीरी गेट, दिल्ली-110006

फोन : 011-23869812, 23865483, 23867791

website : www.rajpalpublishing.com

e-mail : sales@rajpalpublishing.com

www.facebook.com/rajpalandsons

भारत की कहानी

बड़ी पुरानी बात है। इतनी पुरानी कि सालों-महीनों में हम अनुमान न लगा सकें। लगाने चलें तो दिमाग चकरा जाए। करोड़ों-अरबों वर्ष पहले की बात है।

तब यह ज़मीन न थी। न इस पर रेंगने-दौड़ने वाले जीव-जन्तुओं का वास था, न हम थे ! चारों ओर आसमान की तरह सूना था। बस, आसमान में अनगिनत तारे चमकते थे, जैसे आज भी चमकते हैं। सूरज था, पर चाँद न था। न दिन था, न रात थी, बस सूना। न बादल, न बिजली, न वर्षा।

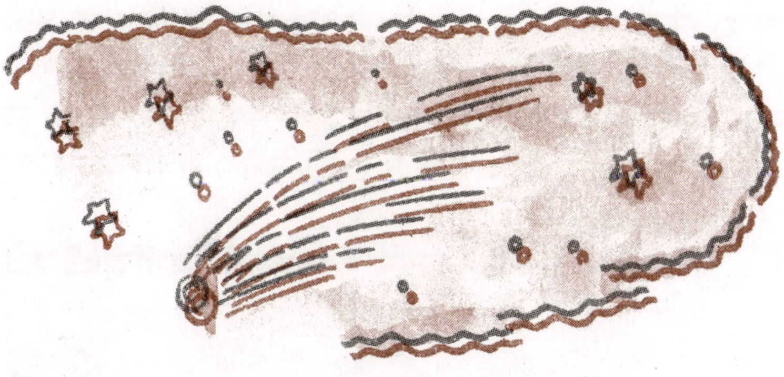

ठण्डा तारा

एक बार एक ठण्डा तारा–सूरज का-सा बड़ा तारा–अपनी जगह से एकाएक सरक पड़ा। ज्यादातर तारे चलते हैं। उनकी अपनी-अपनी गोलाकार राह होती है। उसी पर सदा चलते रहते हैं वे और जब अपनी राह से भटक जाते हैं तो प्रलय हो जाती है। स्वयं चूर-चूर हो जाते

तारा सूर्य से टकराया

हैं, दूसरों को भी चूर-चूर कर डालते हैं।

सो, एक बड़ा तारा जो सरका तो उसने प्रलय मचा दी। सूरज से वह टकरा गया। सूरज आज ही की तरह आग का गोला था, ज़मीन से लाखों गुना बड़ा। उस तारे से टकराने से सूरज भी खण्ड-खण्ड हो गया। उसके टूटे हुए टुकड़े और चूर होकर बिखर गए, उसके चारों ओर चक्कर लगाने लगे। इन्हीं में हमारी ज़मीन भी थी–जलते सूरज का एक जलता टुकड़ा।

धीरे-धीरे अपनी आग की गरमी बाहर फेंकती-फेंकती हमारी ज़मीन

थल

ठण्डी होने लगी। इसकी गर्मी और भाप से आसमान में बादल घुमड़ने लगे। गरज-गरजकर जमीन पर बरसने लगे।

ज़मीन और ठण्डी हुई। उसके ऊपर कीचड़ हुई। कीचड़ सूखकर चट्टानें बनीं। भीतर भी वह ठोस होने लगी। उसमें धीरे-धीरे तांबा, टीन, चाँदी, सोना, लोहा, कोयला, हीरा, जवाहर बने। इसी से यह ज़मीन वसुधा कहलाई–रत्न धारण करने वाली वसुन्धरा।

तब ज़मीन रह-रहकर काँप उठती थी ! उसके भीतर की आग और गर्मी तथा वर्षा के पानी से भाप बनती, जो ऊपर हवा में निकल

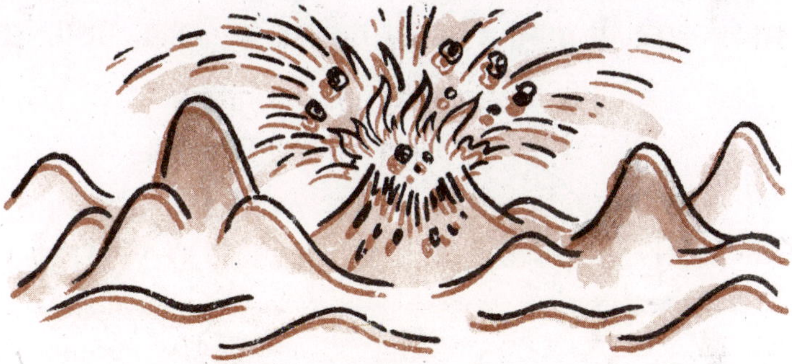

ज्वालामुखी

जाना चाहती। राह न मिलने से ज़मीन की छाती फाड़कर निकलती है। सारी ज़मीन हिल जाती है। उसमें भूकम्प आ जाते हैं। इन्हीं भूकम्पों

बरसात

से ऊँचे-ऊँचे पहाड़ बने, छिछले मैदान निकल आए। जल थल से बड़ा

था, चौगुना बड़ा। समुन्दर का जल सूरज अपने हजार हाथों से खींचता। उससे फिर-फिर बादल बनते, फिर-फिर बरसते। बादल पहाड़ों से टकरा-टकरा कर बरसते। ऊँचे पहाड़ों की चोटियाँ बर्फ से ढकी थीं। उनके गलने से पानी की धाराएँ मैदानों में बह चलीं, जो वर्षा जल पाकर और उमड़ीं। ये ही धाराएँ सिन्धु, गंगा, यमुना, ब्रह्मपुत्र कहलाईं। नर्मदा, गोदावरी, महानदी कहलाईं। पहाड़ हिमालय, विन्ध्याचल कहलाए और हमारी यह लम्बी-चौड़ी ज़मीन अपनी फैली लम्बाई-चौड़ाई के कारण पृथ्वी कहलाई।

पृथ्वी अपनी धुरी पर घूमती थी; सूरज के चारों ओर घूमती थी जैसे वह आज भी घूमती है। इससे रात-दिन हुए; जाड़ा, गरमी, बरसात

पृथ्वी का चक्कर काटना

नाम की ऋतुएँ हुईं। अपनी जगह पर घूमने से रात-दिन; सूरज के चारों ओर घूमने से ऋतुएँ। पृथ्वी का जो भाग सूरज के सामने होता, वह उजाले से चमक उठता; तब दिन कहा जाता। जो पीछे रहता वह अँधेरा होता; तब रात बनती।

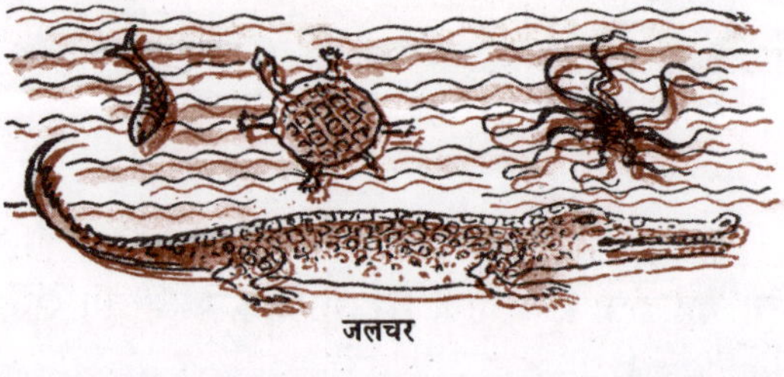

जलचर

फिर धीरे-धीरे मिट्टी-पत्थर में जान पड़ी, जीव जन्मे। पहले काई,

जीव-जन्तु

झुरमुट व कीचड़ में रेंगनेवाले बिना रीढ़ के कीड़े, फिर जाल में रहने वाले, फेफड़ों से सांस वाले मगर, मछली। फिर लाखों किस्म के जानवर-बन्दर, वनमानुस और आखिर में दुनिया को जीतने वाला–आदमी।

आदमी एक ओर खूँखार जानवरों से लड़ता था, दूसरी ओर

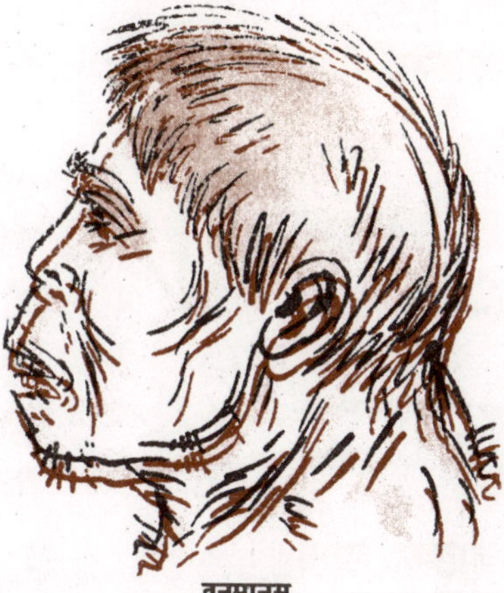

वनमानुस

सर्दी-गर्मी, नदी-पहाड़ से, मतलब यह कि प्रकृति को जीतता था। शेर-चीतों के पास पंजे और विकराल दाँत थे, हाथी के पास ताकत और

पत्थर के औज़ार

सूंड़ थी। आदमी निहत्था था। पर उसके पास बुद्धि थी। उसकी चार उँगलियों के साथ पाँचवाँ अँगूठा भी था। इससे वह अपने बचने के लिए हथियार बना लेता था। सर्दी से बचने के लिए मारे हुए जानवरों की खाल ओढ़ लेता, शिकार के लिए पत्थर घिसकर तीर-बरछे बना लेता। तब वह शिकार करता था। कई मिलकर बड़े-बड़े हाथी को मार डालते थे। वह मछली मारता था। जंगली पेड़ों के फल, जंगली अन्न खाता था। बहुत दिनों बाद उसने जंगली आग में जले जो जानवर खाए तो उसने जानवर भूनकर और राँधकर खाना शुरू किया। बहुत पीछे उसने नमक का ज़ायका जाना।

शिकार

तब वह झुण्ड में रहता था, गिरोह बाँधकर। उससे शिकार करने में आसानी होती थी। मिलकर रहना उसकी पहली खोज थी, आग दूसरी। धीरे-धीरे वह पशु पालने और ढोर रखने लगा। तब वह इधर से उधर

मानव

ढोर लिये फिरा करता। धीरे ही धीरे उसने खेती शुरू की। तब वह गाँव में जमकर रहने लगा। अन्न ढोने के लिए उसने बैलगाड़ी बनाई।

गाँव

उसने जाना की गोल पहिया ही चपटी जमीन पर दौड़ सकता है। यह आदमी की पहली सूझ थी। उस पहिये पर उसने बर्तन भी बनाए।

2

अपना देश भारत कुदरत की अनोखी देन है। उसे प्रकृति ने अपने हाथों सँवारा है। इसके उत्तर में संसार का सबसे ऊँचा पहाड़ हिमालय है, जो अपनी बर्फीली चोटियों के साथ डेढ़ हजार मील पश्चिम से पूरब चला गया है। देश का वह प्रहरी है जिसने बाहर से आने वालों को बहुत काल तक रोका। देश के बीच विन्ध्याचल पहाड़ है। उसके दक्षिण में है पठार। विन्ध्याचल के पूरब-पश्चिम समुन्दर और दोनों ओर किनारे-किनारे उत्तर-दक्खिन पहाड़ियों का सिलसिला चला गया है, जिन्हें घाट कहते हैं। देश का मस्तक कश्मीर है, पैर का अँगूठा कन्याकुमारी। तिकोनी शक्ल का यही हमारा भारत है।

पहाड़ों के बीच में मैदान हैं जिन्हें सतलुज, रावी, गंगा, यमुना, सोन, ब्रह्मपुत्र, महानदी, नर्मदा, ताप्ती, गोदावरी सींचती हैं। उनसे सिंचकर मैदान सोने की तरह का अन्न उगलते हैं। अन्न हमारा आहार है। इसी अन्न की खोज में लोग दौड़ते रहे हैं, यहाँ इस देश में भी आये हैं।

इसी घुमक्कड़ी का यह नतीजा हुआ कि हमारे देश में चारों तरफ के लोग आकर बसे। काले, जो यहाँ के पुराने आदिम रहने वाले थे, पत्थरों के हथियारवाले। दूसरे द्रविड़, भूरे, कुछ यहाँ के, कुछ बाहर से आये, जिनकी बस्तियाँ भारत से यूरोप की सरहद तक फैली थीं। तीसरे पूरब के रहने वाले पीले लोग, जो आज भी बर्मा में बसे हैं। चौथे आर्य, गोरे-ऊँचे, जो बाहर से आये या यहीं हुए, यह फैसला अभी नहीं हुआ है। नई खोज यह है कि आर्य सरस्वती नदी के तीर पर रहते थे जो पंजाब और राजस्थान में बहती थी। बाद में यह नदी सूख गयी। लेकिन

भारत के लोग

अब सेटेलाइट के द्वारा इसके प्रमाण प्राप्त कर लिये गये हैं। हम इन्हीं चारों की सन्तान हैं। देश के जन-जन में इन चारों का मिला-जुला खून बहता है।

हिन्दुस्तान अपने देश भारत का दूसरा नाम है। उसके सबसे पुराने निवासी खेती करते थे। गाँवों में मिट्टी के घर बनाकर रहते थे, सूत का कपड़ा पहनते थे। सांवले द्रविड़ों ने खेती में बड़ी उन्नति की। नदियों से नहरें निकालीं। नदियों का बहाव रोक-रोककर सिंचाई का काम आसान किया। जमीन के भीतर की चट्टानें तोड़कर खानों से सोना, चाँदी तथा टीन निकाला। तांबा और टिन मिलाकर कांसा बनाया। कांसे के अपने सुन्दर बरतन-भांडे बनाए। वे पेड़ों और सांप को पूजते थे।

द्रविड़

आज से पाँच हजार वर्ष पहले सिन्ध और दक्षिणी पंजाब में एक घुली-मिली जाति बसी थी। उसकी दूर-दूर तक फैली हुई बस्तियाँ थीं। उनमें काले और गेहुँए दोनों तरह के लोग थे। उन्हें भी विद्वान लोग द्रविड़ ही कहते हैं।

उनकी सभ्यता की कुछ न पूछिए। वे आदमी के पुराने जंगली तरीकों को कब के छोड़ चुके थे। जंगली जीवन से दूर हटकर अपनी

सूझ से तरक्की करते जाना, इन्सानियत के तरीके बरतना, मिलकर अपनी भलाई की चिन्ता करना ही सभ्यता कहलाती है। इन द्रविड़ों की सभ्यता उस काल की दुनिया में सबसे आगे थी। उसका जीवन सादा जरूर था, पर गाँव का नहीं, शहर का था। संसार में सबसे पहले शहर उन्होंने ही बसाए। उनके शहरों के खण्डहर आज भी सिन्ध के लरकाना और पंजाब के मिंट-गुमरी जिलों में खड़े हैं। उनमें एक 'मोहनजोदड़ो' यानी मुरदों का टीला और दूसरा 'हड़प्पा' के नाम से मशहूर है। 1947 में भारत के बँटवारे के बाद ये दोनों अब पाकिस्तान में चले गये हैं। इस सभ्यता के अन्य नगर भी अब मिलने लगे हैं जो गुजरात और राजस्थान में फैले हैं।

धूप में सुखाई और आग में पकाई ईंटों के इनके दुमंजिले मकान

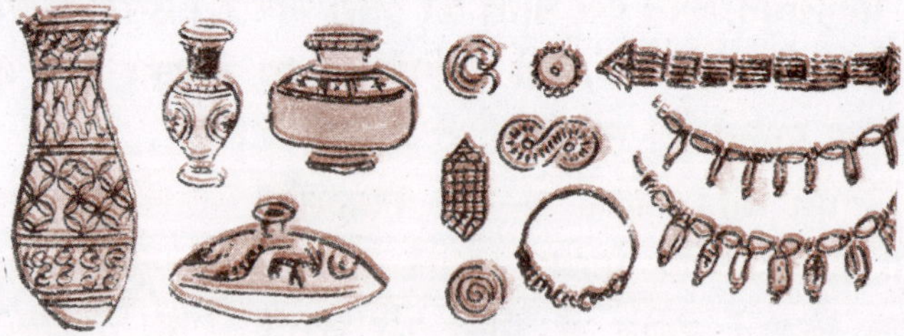

बरतन व आभूषण

थे। उनमें छत थी, रहने-नहाने के कमरे थे, कुआँ था। सबसे बड़ी बात यह कि सफाई का उनके यहाँ अच्छा प्रबन्ध था। छोटी नालियाँ शहर के बाहर निकल जाती थीं। मकान सड़कों पर खड़े थे, सामने कूड़ा डालने के डिब्बे थे, जिन्हें साफ कर लिया जाता था। बड़े-बड़े तालाब थे, जिन्हें कुओं से नल के ज़रिए भरा और खाली किया जाता था। सारे शहरवाले वहाँ नहाते थे। चारों ओर कमरे बने थे, जहाँ वे अपने कपड़े बदलते थे।

वे मांस और अन्न खाते थे। खेती करते थे। घर में करघे से बुना खद्दर पहनते थे–सोने, चाँदी, हाथी-दाँत, मिट्टी के गहने भी। औरत-मर्द दोनों। उनके पास करीब-करीब सभी जानवर थे, पर शायद घोड़े और

चित्र

कुत्ते न थे। वे अपने रथों में बैल जोतते थे। तौल के लिए उनके पास बटखरे थे। वे जानवरों और पेड़ों के अलावा मिट्टी की बनी देवी की पूजा करते थे। लिंग और पितरों को भी पूजते थे। कुछ अपने मुर्दे गाड़ते थे, कुछ जलाते थे, कुछ जलाकर फिर गाड़ते थे। कला में उनकी बड़ी रुचि थी। जानवरों के सुन्दर से सुन्दर रूप उन मुहरों पर खुदे मिले हैं, जो वे अपनी लिखावट पर लगाते थे। इन मुहरों पर मूरतों की खुदाई इतनी गजब की है कि लगता है, वे जीवित हैं। उन पर की लिखावट से पता चलता है कि वे लोग लिखना जानते थे। वह तस्वीरों की-सी लिखावट आज भी पढ़ी नहीं जा सकी है।

मोहनजोदड़ो और हड़प्पा के रहने वाले पत्थर के साथ-साथ कांसे के हथियारों का प्रयोग करते थे। इसी से उनका जमाना 'कांसे का युग' कहलाता है। अभी उन्हें लोहे का पता नहीं था। एक दिन घोड़ों पर चढ़ी एक नई जाति आई–बड़ी ताकतवार जाति। उसके लड़ाके गोरे-ऊँचे थे। जमकर लड़ाइयाँ हुईं। लोग अपनी चप्पा-चप्पा जमीन के लिए जूझ गए। पर जीत हमला करने वालों के हाथ रही। उन्होंने सिन्ध-पंजाब के उन नगरों को बरबाद कर दिया। कुछ अजब नहीं जो मोहनजोदड़ो–'मुर्दों का टीला' कहलाने लगा हो। उसी जमीन पर विजयी लोगों ने अपने गाँवों के बल्ले गाड़े। वे लोग आर्य जाति के थे।

3

जिन लोगों ने सिन्धु-पंजाब की द्रविड़ सभ्यता का नाश किया था, वे अपने को ''आर्य' यानी श्रेष्ठ कहते थे। उनकी जबान थी पुरानी संस्कृत। उसी भाषा में उन्होंने अपने देवताओं की स्तुति की। उनका जीवन देहाती था। लिंग-पूजा को वे गाली समझते थे। वे वरुण, सूर्य, अग्नि, इन्द्र वगैरह की पूजा करते थे। इनकी ताकत का उन पर बड़ा असर था; इनसे उन्हें डर भी लगता था। इन्द्र उनका सबसे महान् देवता था। अपने दुश्मनों को जीतने के लिए वे इसकी स्तुति करते थे।

आर्य

कुछ बड़ी सुन्दर प्रार्थनाएँ उन्होंने देवी उषा की की हैं। पूरब में तड़के आसमान पर आ जाने वाली वह लाली है जिसके बाद ही सूरज निकलता है। देवताओं को प्रसन्न करने के लिए वे यज्ञ करते थे। उनकी प्रार्थनाएँ-कविताएँ बाद में इकट्ठी कर ली गईं; तब उन्होंने लिखना सीखा। उस पुस्तक का नाम 'वेद' है। इसमें ऋचाएं या स्तुतियाँ हैं। ऋक् कहते हैं ऋचाओं या स्तुति को; वेद-ज्ञान या बुद्धि को। इस तरह की उनके चार ग्रन्थ थे–ऋग्वेद, सामवेद, यजुर्वेद, अथर्ववेद। ऋग्वेद दस हिस्सों में बँटा है जिन्हें 'मण्डल' कहते हैं। छन्द बनाने वाले को ऋषि कहते थे।

छन्द या मन्त्र स्त्रियाँ भी बनाती थीं जो महत्वपूर्ण बात थी।

इन्द्र

इन्हीं ग्रन्थों से आर्यों के रहन-सहन का पता चलता है। वह खेती करते थे। कई तरह के पेशे करते थे। इन्हीं पेशों के कारण उनमें पीछे कई जातियाँ बन गईं। इनमें ब्राह्मण का काम पढ़ना-पढ़ाना, पुरोहिताई करना था; क्षत्रिय का लड़ना-भिड़ना; वैश्य का ढोर पालना, खेती या व्यापार करना, और शूद्र का तीनों की सेवा करना। पहले तीनों अपने पेशे बदल सकते थे; आपस में ब्याह-शादी भी करते थे, परन्तु बाद में वे केवल अपनी ही बिरादरी में खान-पान, और शादी-व्यवहार करने लगे। शूद्र कुछ तो

ब्राह्मण कार्य

आर्यों में गरीब लोग थे, कुछ लड़ाई में जीते हुए द्रविड़ वगैरह गुलाम थे।

जनता गाँवों में बसी थी। उन पर 'राजा' शासन करता था। वह

राजा

क्षत्रिय घराने से चुना जाता था। उसे जनता चुनती थी और उसके मनमानी करने पर उसे मार भगाती थी। जनता की 'सभा' और 'समिति' नाम की अपनी सभाएँ थीं, जो राजा को सही राह पर चलाती थीं। आर्य लोग बहुत-से त्यौहार मनाते थे। वे गाना, बजाना, नाचना पसन्द करते

त्यौहार

धनुष द्वारा युद्ध

थे। उनके कबीलों या जनों में बड़ी-बड़ी लड़ाइयाँ भी होती रहती थीं। शत्रु के खिलाफ वे मिलकर लड़ते थे। वे धनुष-बाण, भाले, फरसे, और तलवार से लड़ते थे।

आर्यों ने धीरे-धीरे द्रविड़ों से बहुत-कुछ सीखा। पहले तो दोनों लड़े, फिर मिल-जुलकर एक हो गए। अब आर्यों की पूजा में भी उन्हीं

की देखा-देखी योग, टोना, टोटका आ गए, मूर्तियाँ भी पूजी जाने लगीं। दोनों के विचारों और रहन-सहन के मिल जाने से इस देश मे एक नई सभ्यता का जन्म हुआ। उसके आज हम वारिस हैं। आर्यों की लाई सभ्यता में द्रविड़ों ने अपना योगदान किया। उन्होंने स्वयं भी आर्यों से बहुत कुछ लिया।

4

धीरे-धीरे आर्य पूरब की ओर बढ़े। पहले वे मुख्यतः पंजाब में रहते थे, अब गंगा-यमुना लाँघकर उत्तर-प्रदेश और बिहार पहुँचे। वहाँ लड़कर उन्होंने बड़े-बड़े राज्य कायम किए। उन्हें जनपद-राज्य कहते हैं। अब ब्राह्मण इतना महान् न था। बड़े-बड़े राज्य खड़े हुए तो बड़े-बड़े राजा भी हुए। पूजा से बढकर राजनीति हुई। क्षत्रिय अपने को ब्राह्मणों से बढ़कर समझने लगे। वे ज्ञान और समाज के अगुआ बने। उन्होंने अपने ज्ञान को फैलाया। आर्यों का ज्ञान आत्मा के सम्बन्ध में था। उनका कहना था कि जगत का बनाने वाला परमात्मा एक है। वही ब्रह्म है। इच्छा करने पर वह सृष्टि करता है। हर जीव में आत्मा है, जो कभी नहीं मरती; केवल कपड़ों की तरह शरीर बदलती है। जब तक अच्छे काम करके परमात्मा में मिल जाती है, तब तक बार-बार जन्म लेती है। जब उसे ज्ञान हो जाता है, तब जन्म के बन्धन से छूटकर वह परमात्मा में मिल जाती है।

उन दिनों लोगों ने जन्म और मृत्यु के बारे में भी सोचा। हम कहाँ से आए हैं ? मरकर कहाँ जाएँगे ?—यह वे बराबर सोचते रहे। इसको उन्होंने लिख डाला। जिन पुस्तकों में इनका बयान लिखा गया, उन्हें उपनिषद् कहते हैं। भारत ने इस तरह एक नई विचारधारा को जन्म दिया, जो 'दर्शन' कहलाता है। प्रसिद्ध धर्म-पुस्तक 'भगवद्गीता', जो महाभारत नामक ग्रन्थ का अंश है, इन्हीं उपनिषदों का निचोड़ है। वह भी एक प्रकार की उपनिषद् ही मानी जाती है।

आर्यों की जीत और पूरब की ओर बढ़ने की कहानी 'रामायण' और 'महाभारत' में लिखी है। ये दोनों पुस्तकें पद्य में हैं, और संस्कृत

भाषा में अनमोल रत्न मानी जाती हैं। इनकी कहानी तो प्राचीन काल में घटी, पर लिखी वे बाद में गईं। रामायण में इक्ष्वाकु-वंश की कहानी है, महाभारत में कुरु-वंश की।

राम के पुरखे कोसल या अवध के राजा थे। अयोध्या उनकी राजधानी थी। राजा दशरथ के तीन रानियाँ थीं–कौशल्या, सुमित्रा और कैकेयी। राम कौशल्या के पुत्र थे, लक्ष्मण और शत्रुघ्न सुमित्रा के और भरत छोटी रानी कैकेयी के। राम ने स्वयंवर में धनुष तोड़कर जनकपुर के राजा जनक की लड़की सीता से ब्याह किया। दशरथ ने राम को युवराज बनाना चाहा, पर कैकेयी अड़ गई। उसे कुछ समय पूर्व राजा ने अपने प्राण बचाने के बदले वर माँगने को कहा था। इसी मौके पर उसने इन वरों को माँगा। उसने भरत के लिए राज्य और राम के लिए चौदह वर्ष का वनवास माँगा। पिता की बात रखने के लिए राम वन चले गए। साथ सीता और लक्ष्मण भी गए। रावण की बहन सूर्पनखा राम से विवाह करने आई तो लक्ष्मण ने उसके नाक-कान काट लिये।

वाल्मीकि

इस अपमान का बदला लेने के लिए एक दिन लंका का राजा रावण साधु का भेष धर अकेली सीता को हर ले गया। वानरों की सहायता से राम ने लंका पर चढ़ाई की और रावण को मारकर सीता का उद्धार किया। तब तक चौदह वर्ष बीत चुके थे। राम सबके साथ अयोध्या लौटे। भरत ने पिता के मरने पर राज्य करने से इनकार कर दिया था और वे राम की चरण पादुका की पूजा कर उनकी ओर से प्रजा की रक्षा करते रहे थे। उन्होंने राम को राज्य सौंप दिया। राम राज्य करने लगे। 'रामायण' महर्षि वाल्मीकि ने लिखी।

'महाभारत' व्यास मुनि ने लिखा। उसमें सैकड़ों कथाएँ हैं, पर असल कथा कौरव-पाण्डवों की है। विचित्रवीर्य के मरने पर बड़े भाई धृतराष्ट्र के अन्धे होने से छोटे भाई पांडु हस्तिनापुर के राजा हुए। हस्तिनापुर मेरठ जिले में है। पांडु के मर जाने पर धृतराष्ट्र राजा हुए, पर पांडु के पाँचों लड़कों–युधिष्ठिर, भीम, अर्जुन, नकुल और सहदेव–के आ जाने पर युधिष्ठिर को उन्होंने अपना युवराज बना दिया। इस पर उनका बेटा दुर्योधन चिढ़ गया। उसके कोप से पाण्डवों को भागना पड़ा। इस बीच राजा द्रुपद की बेटी द्रौपदी का स्वयंवर हुआ। ऊपर

कौरव

घूमती मछली को नीचे तेल में देखकर अर्जुन ने बाण से बेध दिया और इस तरह जीती हुई द्रौपदी से पाँचों भाइयों का ब्याह हो गया। धृतराष्ट्र ने पाण्डवों को बुलाकर उनको आधा राज्य दे दिया। पर दुर्योधन को इससे संतोष न हुआ और उनके मामा शकुनि की मदद से धोखे से जुए में युधिष्ठिर से उनका राजपाट, स्त्री, सब-कुछ जीत लिया। पाण्डवों को बारह बरस वन में और एक वर्ष छिपकर रहना पड़ा। बाद में वासुदेव कृष्ण ने राज्य वापस लौटा देने के लिए दुर्योधन को बहुत समझाया, पर उसने जब न माना तब महाभारत की लड़ाई छिड़ गई। अठारह दिन की इस लड़ाई में सारे कौरव मारे गए। दोनों ओर की सेनाएँ मर मिटीं। केवल पाँच पाण्डव और कृष्ण बचे। युधिष्ठिर ने बहुत काल तक राज्य किया। फिर राज्य अर्जुन के पोते परीक्षित को सौंप, वे भाइयों और द्रौपदी के साथ हिमालय चले गए।

उस काल का जीवन बड़ा सादा था। लोग गाँवों में रहते थे। गाँव में सभी-कुछ पैदा हो जाता था। बनिया, बढ़ई, नाई, धोबी सभी वहाँ थे। चरागाहों पर सभी का अधिकार था। खेत राजा का न था, वह केवल कर वसूलता था। पंचायत गाँव का प्रबन्ध करती थी और अन्न के रूप में लगान वसूल कर राजा के आदमी को देती थी। पुरोहित पूजा करता था, पण्डित बालकों को पढ़ाता था, ब्याह कराता था। लुहार-बढ़ई हल बनाते थे। धोबी कपड़े धोता था। किसान सबको अनाज के रूप में उनका पावना चुका देता था। राजा एक-दूसरे पर चढ़ाई करते थे, पर किसान शान्तिपूर्वक हल जोतते रहते थे।

5

पहले लिखा जा चुका है कि उपनिषदों के युग में क्षत्रियों का बोलबाला था। वे ही समाज के अगुआ थे। उन्हीं की कथाएँ गीतों के रूप में गाई जाती थीं। रामायण और महाभारत भी उन्हीं की प्रशंसा में लिखे गए। ब्राह्मणों के ऊँच-नीच विचारों का विरोध हो रहा था। लोगों को यज्ञ में पशुओं का मारा जाना भी पसन्द न था और इसके खिलाफ भी आवाज उठी। वेद और ब्राह्मण की इसी विरोधी परम्परा में वर्धमान महावीर और गौतम बुद्ध का जन्म हुआ। दोनों ब्राह्मणों की जात-पाँत के विचारों के दुश्मन थे; दोनों क्षत्रिय थे और रईस घरानों के थे। दोनों जहाँ पैदा हुए थे, वहाँ पंचायती राज्य थे। वर्धमान महावीर बिहार में मुजफ्फरपुर जिले के लिच्छवियों के पंचायती राज्य में जन्मे थे। उनकी राजधानी वैशाली थी। अनेक राजा मिलकर उस राज्य को सँभालते थे। वे जनता के नेता होते थे। जनता उन्हें चुनती थी।

भगवान महावीर

वहीं के कुण्ड गाँव में वर्धमान महावीर का जन्म हुआ। उनके पिता का नाम सिद्धार्थ और माता का नाम त्रिशला था। तीस वर्ष की उम्र में वर्धमान घर-द्वार छोड़कर जंगल मे तप करने लगे। शरीर को तपाकर उन्होंने ज्ञान पाया। वे जन्म लेने और मरने से छुट्टी पा गए। मृत्यु पर विजय पाने के कारण वे 'जिन' कहलाए और जिस धर्म का उन्होंने

प्रचार किया, वह जैन धर्म कहलाया। उन्होंने अपने पीछे चलने वालों को उपदेश दिया कि वे चोरी न करें, हिंसा न करें, झूठ न बोलें, रुपया-पैसा न रखें और ब्रह्मचारी रहें।

किसी जीव को न सताना जैनों में सबसे बड़ा धर्म माना जाता है। वे लोग सब प्रकार के छोटे-बड़े जीवों पर दया करते हैं और इस डर से कि सांस लेते समय कीड़े न मर जाएँ, अपने मुँह पर कपड़ा भी बाँधे रहते हैं। जैनों के सबसे बड़े मन्दिर माउण्ट आबू और गिरनार में हैं।

सिद्धार्थ गौतम भी कपिलवस्तु के शाक्य वंश के ऊँचे कुल मैं पैदा हुए थे। कपिलवस्तु उत्तर-प्रदेश के उत्तर में नेपाल की तराई में है। वहाँ भी पहले पंचायती राज्य था और सिद्धार्थ के पिता शुद्धोदन उसके नेता थे। महावीर की भाँति सिद्धार्थ भी आज से करीब ढाई हज़ार वर्ष पहले पैदा हुए थे। महावीर की ही तरह उनका मन भी दूसरों का दुःख देखकर पिघल जाता था। संसार का दुःख दूर करने के लिए वे बचपन से ही चिन्तित रहने लगे थे। उनकी चुप्पी से डरकर उनके पिता ने यशोधरा नाम की सुन्दर लड़की से उनका ब्याह कर दिया और जाड़ा, गर्मी और बरसात के लिए उनके लिए अलग-अलग महल बनवा दिए।

लेकिन गौतम का मन भोग-विलास में न लगा। एक रात उनतीस साल की उम्र में बीवी-बच्चे को महल में छोड़ वे घोड़े पर चढ़कर बाहर निकल गए। दूर जाकर उन्होंने अपने लम्बे बाल तलवार से काट डाले, कीमती कपड़े फेंक दिए और घोड़े को साईस द्वारा वापस भेज दिया। वे साधु हो गए। पहले तो ज्ञान की खोज में वे बड़े-बड़े महात्माओं के पास गए, पर जब वे भी उनका सही

गौतम

जवाब न दे सके कि दुनिया में दुःख क्यों है, जन्मने और मरने के भारी दुःख का अन्त कैसे हो, तब वे गया में जाकर तप करने लगे।

बगैर खाए-पीए, सांस-भर चलते रहने के लिए आहार लेकर वे बरसों तप करते रहे, पर ज्ञान न मिला। तब एक दिन जब वे आँख

भगवान बुद्ध

बन्द किए बैठे थे—पास के गाँव से कुछ औरतें नाचती-गाती निकलीं। उनके गाने का मतलब था कि बीन के तारों को बहुत न खींचो, नहीं तो टूट जाएँगे, बीन के तारों को बहुत ढीला भी न करो, नहीं तो वह न बजेगी। एक नया रास्ता मानो गौतम की आँखों के सामने खुल गया। उन्होंने काया को तपाना बेकार समझा और उस गाने का मतलब यह लगाया कि अत्यन्त तप भी खराब है, अत्यन्त आराम भी बुरा है, सही रास्ता दोनों के बीच का है। फिर तो उन्होंने स्नान किया और प्रसन्न मन से पेड़ के नीचे आ बैठे। इसी बीच गाँव से सेठ की लड़की सुजाता खीर लेकर आई और गौतम को पेड़ का देवता समझकर खीर खिला दी। गौतम अब सब प्रकार से तृप्त होकर पीपल के पेड़ के नीचे बैठ विचार करने लगे। एकाएक उन्हें ज्ञान हो गया। इसी ज्ञान के कारण वे 'बुद्ध' या ज्ञानी कहलाए।

उनका ज्ञान यह था—कि दुःख है; दुःख का कारण है; दुःख का

नाश है; और दुःख का नाश करने का उपाय है। वह उपाय अत्यन्त विलास और अत्यन्त दुःख के बीच की राह पर चलना है। अच्छी बुद्धि, अच्छे विचार, अच्छे रहन-सहन, अच्छी मेहनत वगैरह उस दुःख का अन्त करते हैं और आदमी जन्म-मरण के बन्धन से छूट जाता है।

भगवान बुद्ध

अपने इन्हीं विचारों का बुद्ध देश में घूम-घूमकर पैंतालीस वर्ष तक प्रचार करते रहे। सबसे पहले उन्होंने बनारस के पास सारनाथ में उपदेश दिया। अन्त में 80 वर्ष के आयु में देवरिया जिले के कुशीनारा गाँव में वे मरे। बुद्ध के धर्म को मानने वाले 'बौद्ध' कहलाते हैं और उनकी संस्था 'संघ' कहलाती है। बुद्ध की बातें इतनी सरल थीं कि दुनिया में दूर-दूर तक उनका प्रचार हुआ और लोगों ने प्रेम और दया को सबसे बड़ा धर्म माना।

भारत में बुद्ध के पहले से ही बहुतेरे पंचायती राज्यों का जन्म हो चुका था। उन्हीं में लिच्छवी और शाक्य भी थे, जिनका हाल ऊपर दिया जा चुका है। ऐसे बीसों पंचायती राज्य तब थे, जिनको 'संघ' या 'गण' कहते थे। उनकी सभाओं में जनता में चुने हुए पंच बैठते थे। यही सभाएँ देश पर हुकूमत करती थीं।

पंचायती राज्यों के अलावा कुछ ऐसे राज्य भी थे जहाँ राजा राज्य करते थे। बुद्ध के समय चार राज्य कायम थे–मगध, कोसल, वत्स और अवन्ती। ये बराबर आपस में लड़ते रहते थे। वत्स का राजा उदयन पुराने जमाने में मशहूर हो गया है। इसकी राजधानी इलाहाबाद जिले में कौशाम्बी थी। उदयन को एक बार अवन्ती के राजा प्रद्योत ने कैद कर लिया। उदयन वीणा बहुत अच्छी बजाता था। इससे प्रद्योत अपनी लड़की वासवदत्ता को वीणा सिखाने के लिए उसे महल में बुलाने लगा।

एक रात उदयन वासवदत्ता को लेकर हाथी पर चढ़कर कौशाम्बी भाग गया। वत्स और अवन्ती के राज्य बहुत दिनों तक कायम न रह सके।

कोसल अवध को कहते थे। उसकी राजधानी श्रावस्ती थी। कोसल भी धीरे-धीरे मगध में मिल गया। बुद्ध के समय मगध का राजा बिम्बसार था, जो वर्धमान महावीर का रिश्तेदार था। उसकी राजधानी राजगृह थी, जिसे आजकल राजगीर कहते हैं। बिम्बसार का बेटा था अजातशत्रु। अजातशत्रु ने बड़े-बड़े देश जीते और लिच्छवियों के साथ ही अनेक 'पंचायती राज्यों' को भी उसने जीतकर मगध में मिला लिया। इस तरह धीरे-धीरे मगध भारत का सबसे बड़ा राज्य यानी साम्राज्य बन गया और उसकी राजधानी सोन और गंगा पर पाटलिपुत्र बनी। आज उसे पटना कहते हैं।

मगध का राज्य बाद में एक शूद्र राजा के हाथ में आया, जिसका नाम महापद्मनन्द था। महापद्मनन्द बुद्ध के मरने के डेढ़ सौ बरस बाद हुआ था। कुछ विद्वानों का कहना है कि संस्कृत भाषा का सबसे सुन्दर व्याकरण बनाने वाला पण्डित पाणिनि पंजाब के पश्चिम में युसुफज़ई के शालातुर गाँव से आकर पाटलिपुत्र में महापद्मनन्द के ही दरबार में रहने लगा था। बौद्ध धर्म के प्रचार से समाज की निचली पाँत के लोग भी ऊपर उठ आए थे और अपना संगठन करने लगे थे। ब्राह्मण-क्षत्रियों से भी उन्होंने लोहा लिया था। महापद्मनन्द की सफलता इसी से हुई थी। उसने क्षत्रिय राजाओं को उखाड़ फेंका। परन्तु वह बड़ा निर्दयी था और प्रजा ने उसके साथ भी विद्रोह किया।

चन्द्रगुप्त मौर्य उस राजा का सेनापति था। उसने उसका राज्य छीन लेना चाहा, पर हारकर 'चन्द्रगुप्त' को पश्चिम भागना पड़ा। तभी पाटलिपुत्र में पंजाब का रहने वाला एक बड़ा विद्वान और बुद्धिमान् चाणक्य नाम का पण्डित रहता था।

महापद्मनन्द ने कभी उसका अपमान किया था, जिससे खीझकर चाणक्य ने उसका नाश करने का प्रण किया था। अब चाणक्य गुरु बना और चन्द्रगुप्त उसका शिष्य।

इसी बीच पंजाब में एक तूफान आया हुआ था। यूरोप के दक्षिण-पूरब में मेसेडोनिया नाम का एक छोटा-सा देश है। उसका राजा सिकन्दर सारे एशिया और मिस्र को जीतता हुआ पंजाब तक चला आया था। पंजाब के छोटे-छोटे राजा और पंचायती राजाओं ने इंच-इंच ज़मीन के लिए उसका सामना किया था, पर उन्हें हारना पड़ा था। फिर भी अपनी बहादुरी का उन्होंने जो सबूत दिया, वह इतिहास में सोने के अक्षरों में लिखा जाने लायक है। राजाओं में पोरस का नाम बड़े गर्व से लिया जाता है, और पंचायती राज्यों में मालवों का। व्यास नदी के किनारे मगध की ताकत से डरकर सिकन्दर की सेना ने आगे बढ़ने से इन्कार कर दिया और सेना के ऐसा करने से सिकन्दर को मजबूर होकर हिन्दुस्तान छोड़ काबुल लौट जाना पड़ा।

चाणक्य की सलाह से चन्द्रगुप्त ने तब सारा पंजाब जीत लिया और वहाँ से विदेशी विजय के सारे निशान मिटा दिए। फिर चन्द्रगुप्त मगध की ओर बढ़ा और नन्द की गद्दी छीन ली। चाणक्य ने भी नन्द वंश का सर्वनाश कर अपना प्रण पूरा किया।

सिकन्दर

चाणक्य ने 'अर्थशास्त्र' नाम की राज्य के प्रबंध के बारे में एक पुस्तक लिखी, जिसके अनुसार देश पर शासन होने लगा। अब मगध का साम्राज्य चन्द्रगुप्त की विजयों से बहुत बढ़ गया था। पूरब और पश्चिम में वह समुन्दर से समुन्दर तक फैला था और अफगानिस्तान से दूर दक्षिण तक उत्तर से दक्षिण में।

चन्द्रगुप्त

चन्द्रगुप्त ने सिकन्दर के सेनापति सिल्यूकस को हराकर अफगानिस्तान के चारों सूबे छीन लिए और उसकी बेटी से ब्याह किया। तब से सिल्यूकस का यूनानी राजदूत मेगास्थनीज़ पाटलिपुत्र में रहने लगा। उसने इस देश की दशा का हाल अपनी किताब 'इण्डिका' में लिखा। वह लिखता है कि चन्द्रगुप्त की सेना बड़ी थी और वह पैदल, घोड़ा दल, हाथी दल, रथ दल और नौ दल में बँटी हुई थी। उस साम्राज्य के शहरों का इन्तज़ाम छः प्रकार की सभाएँ करती थीं। चाणक्य की पुस्तक से पता चलता है कि साम्राज्य कई सूबों में बँटा हुआ था, जहाँ सम्राट् के गवर्नर हुकूमत करते थे।

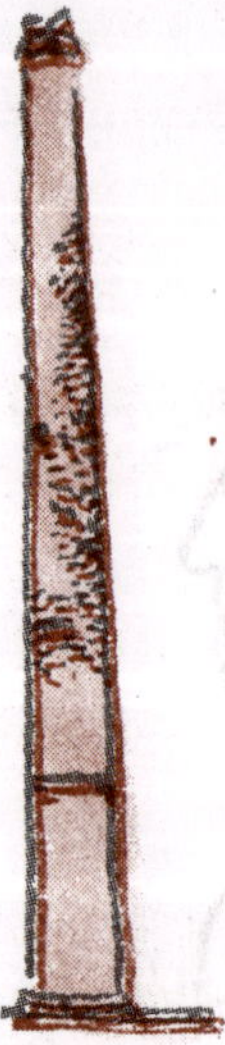
अशोक स्तंभ

चन्द्रगुप्त ने जिस वंश को स्थापित किया था, उसका नाम था मौर्यवंश। इस कुल का तीसरा राजा सारे संसार के राजाओं में महान हुआ, वह चन्द्रगुप्त का पोता था–अशोक। उसका साम्राज्य इतना बड़ा था, जितना इस देश में कभी दूसरा न हुआ। परन्तु जब वह कलिंग यानी उड़ीसा जीतने गया, तब उसे लड़ाई कितनी भयानक होती है, इसका पता चला। लाखों मारे गए, लाखों कैदी हो गए, लाखों बरबाद हो गए। अशोक को यह बरबादी देखकर बड़ा दुःख हुआ और वह शान्तिप्रिय बौद्ध हो गया। उसने प्रतिज्ञा की कि वह कभी दूसरे

का राज्य नहीं छीनेगा और लड़ाई में देश जीतने के बजाय धर्म से लोगों का दिल जीतेगा। उसने अपनी प्रजा के साथ पिता का-सा व्यवहार किया।

इस तरह की बातें राजाओं की पुरानी पुस्तकों में लिखी थीं पर कोई राजा उन्हें बरतता न था। अशोक ने पहले-पहल प्रजा के साथ अपने बेटों की तरह व्यवहार किया। सब धर्मों के मानने वालों को बराबर समझा और अपनी प्रजा द्वारा आदर्श धर्म की जानकारी के लिए अच्छे-अच्छे उपदेश लिखाकर चट्टानों और पत्थर के ऊँचे खम्भों पर खुदवा दिए। ये उपदेश लोगों की भाषा में लिखे गए।

राष्ट्रीय प्रतीक

उस काल में पत्थर की कला ने कितनी उन्नति की थी, इसका पता हमें अशोक के इन खम्भों से लगता है। ये तांबे के-से चिकने हैं और इनके मस्तक पर बैठी मूरतें जीवन्त लगती हैं। सारनाथ के उसके खम्भे के शेरों की छाप आज हमारी राष्ट्र-छाप है। राष्ट्र के कागज़ों पर इन्हीं शेरों की शक्ल छपी होती है।

अशोक ने अपने राज्य में सड़कें बनवाईं। उसके ऊपर जानवरों और आदमियों के लाभ के लिए घनी छाया वाले फलदार पेड़ लगवाए, थोड़ी-थोड़ी दूर पर आरामगाह और कुएँ बनवाए। अपने देश में तो उसने आदमी और जानवरों के लिए दवाखाने खुलवाए ही, दूर के देशों में भी उसने दवाओं के पौधे लगवाए। बौद्ध धर्म के प्रचार के लिए उसने दूर देशों को पण्डित और अपना बेटा तथा बेटी भी भेजे। बुद्ध के उपदेश अशोक के कारण से देश-विदेश में चारों ओर फैल गए।

6

अशोक की मृत्यु के करीब पचास साल बाद उस कुल के पुरोहित पुष्यमित्र शुंग ने मौर्यवंश के आखिरी राजा को मारकर मगध का राज्य छीन लिया। अब उत्तर में ब्राह्मण साम्राज्य की नींव पड़ी। दक्षिण में आंध्रों-सातवाहनों का पहले से ही बहुत बड़ा ब्राह्मण-साम्राज्य कायम था, जो कृष्णा नदी के तट पर से उठकर उत्तर-दक्षिण पूरब-पश्चिम चारों ओर फैल गया था। आन्ध्र में सबसे प्रतापी राजा बाद में चलकर गौमतीपुत्र हुआ। उत्तर में पुष्यमित्र को घर के बौद्ध शत्रुओं से भी लड़ना पड़ा; बाहर के शत्रुओं से भी। हिन्दुस्तान के उत्तर में ग्रीकों के हमले पहले से ही शुरू हो गए थे। अब राजा दिमित के दामाद मिलिन्द या मिनान्दर ने भी स्यालकोट से मगध पर हमला किया, पर उसे मुँह की खानी पड़ी। पुष्यमित्र ने उसे हराकर, सिन्ध तक पंजाब जीत लिया और दो-दो अश्वमेध यज्ञ किए। बौद्ध धर्म के भरहूत-सांची के स्तूप और उनके सुन्दर द्वार-तोरण उसी काल में बने।

पुष्यमित्र के बाद देश में बड़ी उथल-पुथल मची। विदेशी हमलों से मगध का साम्राज्य कमज़ोर पड़ता गया। शुंगों का राज्य ब्राह्मण कण्वों

सांची का स्तूप

ने छीना, फिर उनसे दक्षिण के आंध्रों ने छीन लिया। आन्ध्र भी मगध को बहुत दिनों न भोग सके, क्योंकि उत्तर की ओर से विदेशी हमलों का ताँता लगा हुआ था। ग्रीक, शक, कुषाण बराबर आते रहे हैं और हमारे प्रान्तों को छिन्न-भिन्न करते रहे हैं। परन्तु इसमें सन्देह नहीं कि इससे कुछ लाभ भी हुआ। अपना समाज नए सिरे से गठा और ग्रीकों ने तो कला में एक नया चलन ही चला दिया। उसका केन्द्र तक्षशिला नगरी था जहाँ हिन्दुस्तान का सबसे पहला विश्वविद्यालय स्थापित था। वहीं ग्रीकों ने अपने देश के नमूने की मूर्तियाँ बनाईं। तभी शायद बुद्ध की पहली मूर्ति भी बनी। उस काल का सबसे बड़ा राजा कनिष्क हुआ। उसने बौद्ध धर्म का दूर-दूर तक प्रचार और बौद्ध धर्म के पण्डितों का आदर किया। उसके समय में भारतीय मूर्ति-कला की विशेष उन्नति हुई। उसका वंश कुषाण कहलाता था।

कनिष्क

लगभग उसी काल में पश्चिम एशिया में ईसा नाम का नौजवान इसराइल में शान्ति और प्रेम का उपदेश कर रहा था। उसके उपदेश बुद्ध के उपदेशों से बहुत-कुछ मिलते-जुलते थे। कुछ आश्चर्य नहीं की उस पर बुद्ध का प्रभाव पड़ा हो। नई खोजों से पता चला है कि ईसा अपनी युवावस्था में भारत में रहे थे और बौद्ध धर्म से उनका संबंध बना था। तभी से ईस्वी सन् चला, जिसका इस्तेमाल आज सारी दुनिया में है। ईसा बुद्ध के करीब 500 साल बाद हुए थे।

7

भारत में विदेशियों के खिलाफ ईस्वी सन् की चौथी सदी में बड़ा विद्रोह हुआ। नागों और हूणों ने कुषाणों के हाथ से उत्तर भारत का राज्य छीना लिया। करीब तीन सौ बीस ईस्वी में चन्द्रगुप्त मगध की गद्दी पर बैठा और उसने ईस्वी सन् की ही भाँति एक नया गुप्त सम्वत् चलाया। यह चन्द्रगुप्त मौर्य चन्द्रगुप्त की ही भाँति एक नए वंश का चलाने वाला था, जिसके नाम गुप्तवंश पड़ा।

चन्द्रगुप्त के समय तक लिच्छवियों का प्रताप कायम था और जब उसने लिच्छवियों की बेटी से ब्याह किया, तब उसका बड़ा यश फैला। उसके बेटे समुद्रगुप्त ने बाप के राज्य को खूब बढ़ाया। उसने उत्तर के राजाओं को भी हराया। उससे डरकर दूर-दूर के राजा उसे भेंट-उपहार भेजने लगे; उसकी दोस्ती का दम भरने लगे। समुद्रगुप्त वीर तो था ही, कवि और गानेवाला भी गज़ब का था। उसके सिक्कों में से एक पर बीन बजाते हुए उसकी तस्वीर बनी है। उसने अश्वमेध यज्ञ भी किया।

समुद्रगुप्त का बेटा चन्द्रगुप्त विक्रमादित्य था। उसने नाम तो अपने दादा का ही पाया था, पर उसके तेज से प्रभावित होकर लोग उसे विक्रमादित्य यानी 'सूरज के तेजवाला' कहने लगे थे। इस विक्रमादित्य का यश इतना बढ़ा कि हमारे देश में उसके इन्साफ की आज हज़ारों कहानियाँ कही जाती हैं। उसके समय में विदेशियों ने कुछ उपद्रव किए, पर उसने उनके सरदार शकों का नाश कर 'शकारि' यानि 'शकों का दुश्मन' की नई उपाधि धारण की। इस प्रकार उसका राज्य मालवा और गुजरात-काठियावाड़ तक फैल गया और उसने मालवा में उज्जयिनी

अपनी दूसरी राजधानी बनाई। संस्कृत के महान् कवि कालिदास, जिनका 'शकुन्तला' नाटक बहुत मशहूर है, तभी हुए थे। कहते हैं कि विक्रमादित्य की सभा में 'नवरत्न' थे, जिनमें एक कालिदास भी थे।

चन्द्रगुप्त के पोते स्कन्दगुप्त के समय उत्तर के हूणों ने देश पर भयानक हमला किया। हूण चीन के उत्तर-पश्चिम सूबे के रहने वाले बड़े खूँखार लड़ाके थे, जिन्होंने सारे एशिया को कुचल डाला था। उनके सरदार अत्तिला ने विशाल रोमन साम्राज्य को तोड़ डाला था और अब उन्हीं हूणों के हमलों ने गुप्त-साम्राज्य को भी तहस-नहस कर डाला। स्कन्दगुप्त ने अपनी जान लड़ा दी, मगर हूणों को वह रोक न सका। गुप्त-साम्राज्य टूट गया। हूणों के सरदार तोरमान ने पश्चिम हिन्दुस्तान पर कब्जा कर लिया। फिर उसके बेटे मिहिरकुल को मालवा के यशोधर्मा

अजन्ता का एक चित्र

और मगध के बालादित्य ने हरा दिया। तब उसने धोखे से कश्मीर जीत लिया। मिहिरकुल बड़ा क्रूर था। हाथियों को पहाड़ की चोटी से गिराकर उनकी दर्द-भरी चीखों में वह मजा लिया करता था। कश्मीरियों ने बाद में उसे खत्म कर दिया।

गुप्तकाल भारत के इतिहास का स्वर्ण-युग–'सोने का युग'–कहलाता है, क्योंकि तब साहित्य, कला और विज्ञान सभी में बड़ी उन्नति हुई। ऊपर कहा जा चुका है कि कालिदास उसी काल में हुए थे। विशाखदत्त ने भी 'मुद्राराक्षस' नाम का अपना वह अद्भुत ग्रंथ लिखा जिसमें चन्द्रगुप्त और चाणक्य के हाथों नन्द वंश के नाश की कहानी है। दर्शन के भी उस काल में बड़े-बड़े पण्डित हुए, जैसे दिङ्नाग और वसुबन्धु। गुप्तों के ही पिछले काल में आर्यभट्ट ने पृथ्वी की गोलाई नापी और वराहमिहिर ने ज्योतिष पर अपनी प्रसिद्ध पुस्तक लिखी। कुछ ही काल बाद ब्रह्मगुप्त गणित का यशस्वी विद्वान् हुआ।

गुप्तकाल सारे भारत के इतिहास में अपना सानी नहीं रखता। अजन्ता के मशहूर चित्र तभी बने जो संसार में अनोखे माने जाते हैं। पत्थर की मूर्तियाँ इतनी खूबसूरत बनीं कि देखने वाले आज भी ठगे-से रह जाते हैं। उस काल में धातुओं की ढलाई का काम भी बहुत सुन्दर हुआ। तांबे और कांसे की भी हजारों बौद्ध मूर्तियाँ गुप्त-युग की कला के सबूत हैं। दिल्ली के पास महरौली का लोहे का खम्भा तभी बना, जो आज डेढ़ हज़ार वर्ष बाद भी आँधी-पानी में खड़ा है और उस पर जंग नही लगा।

चीनी यात्री फाह्यान

गुप्त राजाओं के सिक्कों की खूबसूरती के तो बस क्या कहने ! मालवा और गुजरात के गुप्त राज्य में मिल जाने से पश्चिमी समुद्र की

तिजारत से भी देश को बड़ी आमदनी हो रही थी।

चन्द्रगुप्त विक्रमादित्य के शासन-काल में चीन से फाह्यान नामक यात्री भारत आया। वह लिखता है कि देश में शान्ति थी, सुख था, चोर-डाकुओं का कोई डर न था और वह बगैर लुटे, देश के एक सिरे से दूसरे सिरे तक आया और गया था। वह लिखता है कि लोग बड़ी सफाई से रहते थे; शराब नहीं पीते थे; मांस, प्याज, लहसुन नहीं खाते थे; अपने घरों में चोरी का डर न होने से ताले तक न लगाते थे। राजा वैष्णव धर्म का मानने वाला था पर बहुत उदार था और दूसरे धर्म के माननेवालों की भी कद्र करता था। मगर फाह्यान ने अछूतों का जो चित्र खींचा है, वह उस 'सोने के युग' के लिए शर्म की बात है। वे लोग शहर से बाहर रहते थे और दिन में जब कभी भीतर आते, तब लकड़ियाँ बजाकर लोगों को आगाह कर दिया करते थे, जिससे वे हट जाएँ और उनसे छू जाने से अपवित्र न हो जाएँ।

8

गुप्तों के बाद उत्तर भारत में 603 ईस्वी में हर्ष का साम्राज्य स्थापित हुआ। हर्ष थानेश्वर का राजा था। उसके पिता ने हूणों को हराया था। हर्ष की बहन कन्नौज के राजा से ब्याही थी। पर मालवा के देवगुप्त और बंगाल के शशांक ने उसके पति को मारकर कन्नौज उससे छीन लिया। हर्ष का बड़ा भाई यह सुनकर जब बहन का बदला लेने पूरब की ओर बढ़ा तो वह भी धोखे से मार डाला गया। थानेश्वर का राजा अब हर्ष था जो शत्रुओं से लड़ते हुए कन्नौज की ओर बढ़ा। कन्नौज पर उसका अधिकार हो गया। फिर हर्ष ने सारे उत्तर भारत को जीत लिया। उसे केवल एक बार दक्षिण के राजा पुलकेशी चालुक्य से हार खानी पड़ी।

हर्ष

हर्ष के शासन-काल में चीनी यात्री हुएनसांग भारत आया और यहाँ की दशा का अपनी पुस्तक में बयान किया। वह भी फाह्यान की तरह बौद्ध था। हर्ष ने उसकी बड़ी आवभगत की। हर्ष भी बौद्ध था और हर पाँचवे साल कुम्भ के मेले में पाँच वर्ष का जमा सारा खज़ाना दान कर दिया करता था। हुएनसांग ने उस काल के संसार के सबसे बड़े हिन्दुस्तानी विश्वविद्यालय, नालंदा, का बड़ा बखान किया है। वह लिखता है कि वहाँ सारी विद्याएँ पढ़ाई जाती थीं। दस हजार विद्यार्थी थे और एक ही समय सौ विद्वान् सौ विषयों पर भाषण देते थे। नालंदा के विद्यालय में दाखिला बड़ी मुश्किल से होता था।

9

दक्षिण में अनेक राज्य थे जिनमें चार का बयान लिख देना यहाँ मुनासिब होगा। आन्ध्रों का हाल पहले लिखा जा चुका है। चोल, पांड्य, पल्लव और चेर बाकी चार राज्य थे। पांड्य और चेरों के नाम उत्तर में भी बहुत प्राचीन काल से जाने हुए थे। पांड्य बिलकुल दक्षिण में थे। उनकी राजधानी मदुरा थी। कालिदास ने लिखा है कि वे इतने प्रबल थे कि दक्षिण की ओर जाते हुए सूरज का तेज भी उनके डर से मन्द पड़ जाता था। उन्होंने अपने पास के चोलों और केरलों को अनेक बार हराया था। उनके राज्य से दूर पश्चिम तक मोती और गरम मसाले जाते थे।

चोल पांड्यों के उत्तर में थे और एक बार तो उन्होंने करीब-करीब सारे दक्षिण भारत को जीत लिया था। इतना ही नहीं, उनके राजा राजेन्द्र ने तो एक बार मध्य भारत को रौंदते हुए बंगाल तक पर धावा किया था। चोलों के पास बड़ा शक्तिशाली जहाज़ी बेड़ा था, जिससे उसने समुद्र के अनेक द्वीप जीते थे।

चेर दक्षिण भारत के पश्चिमी भाग केरल के स्वामी थे। वे कभी चोलों या पांड्यों के बराबर ताकतवर न हो सके। परन्तु कांची के पल्लवों का निश्चय ही दक्षिण में एक समय बड़ा दबदबा बढ़ा। पल्लवों ने भी अपने राज्य का काफी ज़्यादा विस्तार किया था। दक्षिण भारत की सबसे बड़ी बात उसके गाँवों के शासन की है। वैसे वे पंचायती राज्य थे। हर गाँव में पंचायत थी, जो अपनी अनेक सभाओं के ज़रिये हर चीज का इन्तज़ाम करती थी। चोलों, पांड्यों और पल्लवों ने दक्षिण में बड़े-बड़े मन्दिर बनवाए, जो कला और परिश्रम के अद्भुत नमूने हैं।

10

हर्ष के बाद उत्तर भारत में राजपूतों के अनेक राज्य कायम हुए। राजपूत कबीलों का जीवन बिताते थे। हर कबीले का अपना सरदार होता था। विद्वानों का अनुमान है कि वे ज़्यादातर शक और हूण जैसी देशी-विदेशी जातियों के मिलने से बने थे। वे बड़े सूरमा थे और उन्होंने सदियों हमारे मुल्क की, दुश्मनों से रक्षा की। उनमें विशेष प्रसिद्ध कन्नौज के गुर्जर-प्रतिहार और राठौर, सांभर के चौहान और दक्षिण में वातापी के चालुक्य, मान्यखेट के राष्ट्रकूट और मालवा के परमार थे। बंगाल में पालों का राज्य था, जो बौद्ध और शूद्र थे। अब पाटलिपुत्र की जगह कन्नौज हिन्दुस्तान की राजधानी थी और उसी को जीतने के लिए उत्तर और दक्षिण के राजाओं की कशमकश होती रहती थी। एक बार तो कन्नौज के मोर्चे पर प्रतिहार, पाल और राष्ट्रकूट तीनों जूझे थे।

पाल बंगाल-बिहार के राजा थे और पश्चिम में कन्नौज तक धावा करते थे। देवपाल और धर्मपाल उनमें बड़े प्रसिद्ध हुए। उन्होंने नालंदा आदि विश्वविद्यालयों को बड़ा धन दिया। राष्ट्रकूट दक्षिण के राजा थे और एक समय तो उनकी तलवार दूर-दूर तक मार करने लगी। एलौरा के मन्दिर उन्हीं के बनवाए हुए हैं। उनमें सबसे महान् गोविन्द और कृष्ण हुए। चालुक्यों ने उत्तर-दक्षिण, दोनों ओर अपना यश फैलाया था और उनके महान् राजा पुलकेशी ने हर्ष को भी धूल चटा दी थी। परमार राजा साहित्य और युद्ध, दोनों में मशहूर हुए। मुंज और राजा भोज की कहानियों से तो हिन्दुस्तान का साहित्य भरा पड़ा है। भोज परमारों की राजधानी उज्जैन से धारा नगरी ले गया। उसने करीब साठ बरस राज्य किया, बड़ी लड़ाइयाँ लड़ीं और पुस्तकें लिखीं। विक्रमादित्य

पृथ्वीराज चौहान

की ही तरह उसकी सभा भी पण्डितों और कवियों का अखाड़ा थी।

प्रतिहार जोधपुर के पास से उठे थे, पर उन्होंने बाद में कन्नौज को जीतकर अपनी राजधानी बनाया था और उज्जैन तक धावे किए थे। उनके बाद कन्नौज के राजा राठौर हुए, जिनमें सबसे महान् राजा विजयचन्द था। उसी वंश का जयचन्द बाद में बड़ा प्रसिद्ध हुआ। उसने हिन्दुस्तान के काफी सूबे जीते। संस्कृत का महाकवि श्रीहर्ष उसी के दरबार में रहता था। पृथ्वीराज चौहान सांभर का था और अब वह धीरे-धीरे उत्तर के आसमान में सूरज की तरह उठ रहा था। उसके पुरखे बीसलदेव ने अजमेर पर भी कब्जा कर लिया और पृथ्वीराज का तो दिल्ली पर भी अधिकार हो गया था।

11

सातवीं सदी में अरब के रेगिस्तान में एक चिनगारी छिटकी, जिसने धीरे-धीरे मशाल का रूप धारण कर लिया। वह मशाल पैगम्बर मुहम्मद थे। मुहम्मद मक्का में जन्मे थे और वहाँ की कुरीतियों को समझते थे। वहाँ लोगों की हालत सुधारने पर उन्होंने कमर कसी। वहाँ के लोग मूरतें पूजते थे, लड़कियों को मार डालते थे, जाहिल और अन्धविश्वासी थे। मुहम्मद ने आवाज दी–मूरत मत पूजो, एक अल्लाह को मानो, जो सबको बनानेवाला और मालिक है। यह ऐसी आवाज थी जिसे पहले किसी ने न सुना था। मुहम्मद पर उनका गुस्सा इतना बढा कि उनको मक्का छोड़ मदीने भागना पड़ा। पर धीरे-धीरे उनकी आवाज ऊँची होती गई। लोग उनके झण्डे के नीचे आते गए और मुहम्मद की ताकत बढ़ती गई।

मुहम्मद साहब ने जिस मज़हब को चलाया, वह 'इस्लाम' कहलाया; उसको मानने वाले 'मुसलमान' कहलाए। उनके बाद कुल अस्सी साल के भीतर चीन की पूर्वी सीमा से पश्चिम यूरोप तक सारे मुल्क अरबों के अधीन हो गए। अरबों की एक सेना अठारह बरस के मुहम्मद-बिन-कासिम की अधीनता में सिन्ध भी आई और उसने सिन्ध पर कब्ज़ा कर लिया। अरब लोग जहाँ-जहाँ गए, वहाँ-वहाँ उन्होंने ज्ञान का प्रकाश फैलाया। सिन्ध में भी उनके लिए लगान ब्राह्मण वसूल करते थे और मन्दिरों की सरकार की ओर से मरम्मत कराई जाती थी। इसी कारण 711 ईस्वी में कायम राज्य सदियों तक बना रहा। व्यापार के सिलसिले में अरब लोग बहुत दिनों पहले से मालाबार और हिन्दुस्तान आते रहे थे, पर हमले के रूप में यह पहला था।

धीर-धीरे इस्लाम के झण्डे के नीचे तुर्क, तातार, पठान और दूसरे लोग भी लूट के फायदे के लिए आ खड़े हुए और जहाँ-जहाँ वे गए, वहाँ-वहाँ उन्होंने इस्लाम का नाम बदनाम किया। मज़हब के नाम पर वे दूसरों को बहुत लूटते थे, अपनी हकूमत मज़बूत करते थे। ऐसा ही एक लुटेरा गज़नी का सुल्तान बना। उसका नाम सुबुक्तगीन था। उसने एकाध बार हिन्दुस्तान पर भी धावा किया पर उसके कट्टर बेटे महमूद ने तो हमलों का ताँता ही बाँध दिया। उसने हमारे मुल्क पर सोलह हमले किए, और नगरों और मन्दिरों को लूटा। उसका आखिरी हमला सोमनाथ पर हुआ।

सुबुक्तगीन

उसके साथ संस्कृत का प्रसिद्ध विद्वान् अलबरूनी भी भारत आया था। उसने अपनी पुस्तक में यहाँ का हाल लिखा। महमूद के ही ज़माने में धारा का मशहूर राजा भोज हुआ। तभी कश्मीर की रानी दिद्दा भी राज्य करती थी। महमूद के हमलों की चोट पहले उन लोगों पर पड़ी जो कभी शक और हूण थे, पर बाद में क्षत्रिय और ब्राह्मण बन गए थे। उन्हीं में जयपाल और आनन्दपाल थे। इस प्रकार जो कभी भारतीय न थे, उन्होंने भी इस देश को अपना मान सन्तरी बनकर सदियों इसकी रक्षा की।

महमूद के दरबार में तिलक नाम का एक कश्मीरी था। वह महमूद के वजीर का सचिव था। जब महमूद का एक सरदार बागी होकर पंजाब में जमकर बैठ गया और किसी से पराजित न हुआ, तब तिलक ने बगैर फौज के उसका सिर महमूद के सामने लाकर हाज़िर कर दिया। पंजाब तब महमूद का हो गया।

बारहवीं सदी में काबुल की घाटी पर गोरी वंश का अधिकार हुआ। सदी के अन्त में शहाबुद्दीन गोरी ने हिन्दुस्तान पर हमला किया। पहले तो उत्तर भारत के हिन्दू राजाओं ने पृथ्वीराज चौहान के झंडे के नीचे

लड़कर उसे हरा दिया, पर दूसरे साल वह फिर आया। पृथ्वीराज घमंडी स्वभाव का था। उसने कन्नौज के राजा जयचन्द को उसकी लड़की छीनकर नाराज कर दिया था। इससे जयचन्द उसकी मदद को न आया। पृथ्वीराज लड़ाई में मारा गया और दिल्ली पर पठानों का अधिकार हो गया। गोरी अब सेना तैयार कर कन्नौज की ओर बढ़ा, क्योंकि कन्नौज का राज्य उस वक्त उत्तर भारत के राज्य में सबसे शक्तिशाली था। जयचन्द, जो अब बूढ़ा हो चुका था, अपनी वीर सेना के साथ लड़ता हुआ मारा गया। गोरी को भी हिन्दुस्तान से लौटते समय पंजाब के बदखरों ने मार डाला।

शाहबुद्दीन गोरी

12

कुतुबद्दीन

महमूद गज़नवी तो केवल इस देश को लूटने आया था, पर गोरी यहाँ अपना राज कायम करने आया था। उसके कोई लड़का न होने के कारण उसका सरदार कुतुबुद्दीन ऐबक दिल्ली के तख्त पर बैठा। कुतुबुद्दीन ने उत्तरी हिन्दुस्तान के अनेक भाग जीते। वह पहले गोरी का गुलाम था, जो धीरे-धीरे उसका सरदार हो गया था। उसने दिल्ली में अपने नाम से कुतुबमीनार के नाम का एक ऊँचा स्तम्भ खड़ा किया जो आज भी कायम है।

उन्हीं दिनों बंगाल के राजा लक्ष्मणसेन को हराकर गोरी के दूसरे सरदार मुहम्मद-बिन बख्त्यिार ने बंगाल जीत लिया। कहते हैं कि उसके पास कोई खास सेना न थी, महज अठारह घुड़सवार थे। इससे पता चलता है कि देश की तब क्या दशा थी। यानी कि जनता को देश की राजनीति से कोई सरोकार न था। वह राजाओं का काम था। जनता राजनीति से अलग रखी जाती थी। लक्ष्मणसेन उस सेन वंश का आखिरी राजा था जिसका अधिकार पालों के बाद बंगाल पर कायम हुआ था। लक्ष्मणसेन के दरबार में संस्कृत का सबसे मधुर कवि जयदेव हुआ, जिसने 'गीतगोविन्द' नामक काव्य लिखा।

दिल्ली की गद्दी पर कुतुबुद्दीन के बाद पहले अल्तमश बैठा, फिर

अल्तमश की बेटी रजिया बैठी। रजिया दिल्ली के तख्त पर बैठने-वाली पहली औरत थी पर वह जमाना औरतों का न था और सरदारों की बगावत ने उससे गद्दी छीन ली।

कुतुबमीनार

शहाबुद्दीन गोरी ने जिस वंश का हिन्दुस्तान में आरम्भ किया, उसे गुलाम-वंश कहते हैं क्योंकि उसका पहला सुल्तान गुलाम रहा था। इनमें सबसे शक्तिशाली और लायक बलबन था, जो उस वंश का आखिरी बादशाह था। वह मिज़ाज का बड़ा सरल था, पर कभी-कभी निर्दयी हो जाता था। परन्तु उसने दिल्ली से बंगाल तक अपनी हुकूमत का सिक्का बैठा दिया और देश से चोरी और डाका दूर कर दिया। उसके जमाने में मंगोलों ने कई हमले किए। इसी से वह कभी दिल्ली को छोड़ता भी न था। एक बार उसके बाहर चले जाने पर मंगोलों ने हमला कर उसके बेटे मुहम्मद को मार डाला। यही मुहम्मद हिन्दी-उर्दू के पहले कवि अमीर खुसरो का संरक्षक था। बेटे के मरने का दुःख बलबन न भूल सका और उसी दुःख से वह भी मर गया।

रजिया

बलबन के बाद दिल्ली में एक तरह से अराजकता छा गई। कोई

जलालुद्दीन खिलजी

ऐसा मज़बूत हाथ न था जो ज़ोर से तलवार पकड़ता और शान्ति स्थापित करता। अन्त में लोगों ने बूढ़े और दयावान् जलालुद्दीन खिलजी को पंजाब से बुलाकर गद्दी पर बिठा दिया। दयावान् और कमज़ोर दिल के आदमी के लिए उस वक्त दिल्ली का तख्त न था; और अपनी कमज़ोरी का नतीजा उस बूढ़े सुल्तान को भुगतना पड़ा। उसका भतीजा और दामाद अलाउद्दीन इलाहाबाद के पास सूबेदार था। एक दिन वह सेना लेकर दक्षिण में देवगिरि जा पहुँचा और वहाँ के यादव राजा को उसने जीत लिया। वहाँ से वह अपार धन लेकर लौटा और जब दिल्ली में उसके स्वागत के लिए उसका चाचा बढ़ा, तब अलाउद्दीन के आदमियों ने उसे मार डाला। फिर अलाउद्दीन दिल्ली की गद्दी पर बैठ गया।

अलाउद्दीन बहुत सख्त मगर सफल सुल्तान था। उसने हिन्दू-मुसलमान दोनों पर सख्ती की। हिन्दुओं पर तो काफी अत्याचार किया। वह पढ़ा-लिखा तो न था, पर राजकाज को अच्छी तरह समझता था। उसने बाजार में चीजों की दर निश्चित कर दी। चीज़ें काफी सस्ती हो गईं।

पद्मिनी

अलाउद्दीन ने दूर गुजरात तक का प्रदेश जीत लिया। मध्य भारत पर राज करने वाला वह पहला मुसलमान बादशाह था। उसका गुलाम सेनापति मलिक काफूर देश-विदेश जीतता कुमारी अन्तरीप तक जा पहुँचा। अलाउद्दीन ने चित्तौड़ पर भी हमला किया, पर पहले हमले

में उसे मुँह की खानी पड़ी। वह रानी पद्मिनी की सुन्दरता सुनकर वहाँ गया था, पर जब घेरा डालकर भी वह चित्तौड़ को न ले सका, तब उसने पद्मिनी को केवल आँख-भर देखकर लौट जाने का वचन दिया।

राजपूतों ने जब पद्मिनी को शीशे में दिखा दिया, तो उसके रूप का उस पर ऐसा असर पड़ा कि मन में उसने अपनी बीवी बनाने का निश्चय कर लिया। चित्तौड़गढ़ से लौटते समय उसने पद्मिनी के पति भीमसिंह को कैद कर लिया और पद्मिनी के पाने पर ही भीमसिंह को छोड़ना स्वीकार किया। राजपूतों ने भी इस धोखे का बदला धोखे से ही दिया। पद्मिनी के आने की बात कहकर उन्होंने डोलियों में जाकर खेमे पर हमला किया और उसे मार भगाया।

अलाउद्दीन एक बड़ी सेना लेकर फिर लौटा। अबकी बार जो उसने चित्तौड़ का घेरा डाला तो राजपूतों का नाका-नाका बन्द कर दिया। अन्न और जल चुक जाने पर राजपूत गढ़ का फाटक खोल बाहर निकले और एक-एक सैनिक वीरता से लड़कर मरा। अलाउद्दीन जब पद्मिनी को पाने की खुशी में गढ़ में घुसा तो उसे सिवा थोड़ी राख के कुछ हाथ न आया, क्योंकि पद्मिनी गढ़ की दूसरी नारियों के साथ चिता में जल गयी थी। राजपूत नारियाँ अपनी आबरू बचाने के लिए ऐसा ही करती थीं। इस प्रकार जल जाने को 'जौहर' कहते थे जो बड़े साहस का काम था।

अलाउद्दीन के मरने पर खिलजी-वंश का राज उखड़ गया और धीरे-धीरे उस पर तुगलक वंश का अधिकार हुआ। तुगलक वंश का सबसे बड़ा सुल्तान मुहम्मद तुगलक था। मुहम्मद तुगलक पण्डित और ज्ञानी था। गणित और तर्क का गहरा जानकार था। पर वह दुनिया को समझ न सका और कुछ ऐसे काम किए, जिससे लोगों ने उसे पागल तक कह डाला।

मुहम्मद तुगलक

फिरोज़शाह

उसने चीन को जीतने हिमालय पार सेना भेजी जो बर्फ में गल मरी। मंगोलों से तंग आकर उसने एशिया जीतने के मंसूबे बाँधे। इस प्रकार बिना किसी लाभ के सेना पर जो इतना खर्च हुआ तो खज़ाना खाली हो गया। और तब उसने तांबे के सिक्के चलाए जिससे हालत और खराब हो गई। अपनी राजधानी उसने दिल्ली से हटाकर दूर दक्षिण में देवगिरि में स्थापित की और उसका नाम दौलताबाद रख दिया। उसने दिल्ली की जनता को मजबूर करके दौलताबाद भेजा। अधिक लोग तो राह ही में मर गए। फिर मजबूर होकर उन्हें दिल्ली लौट जाने का हुक्म देना पड़ा, जिससे और भी जनता मरी।

उन्हीं दिनों उत्तरी अफ्रीका का प्रसिद्ध यात्री इब्नबतूता हिन्दुस्तान आया। उसने दिल्ली की दशा का बड़ा दर्दनाक वर्णन किया है। मुहम्मद के बाद उसका भतीजा फिरोज़शाह सुल्तान हुआ। उसका शासन अधिक ज़िम्मेदारीपूर्ण था। उसने बड़े-बड़े महल और गढ़ बनाए। जागीरदारी की प्रथा जारी की। पर लाखों गुलामों के बल पर उसने राज किया। उसके बाद देश की वही हालत हुई जो बलबन व अलाउद्दीन के बाद हुई थी। चारों ओर अशान्ति फैल गई।

उस अशान्ति में तैमूरलंग के हमले ने और गड़बड़ मचा दी। तैमूरलंग समरकंद का बादशाह था और सारा मध्य-एशिया जीत चुका था। अब उसने उत्तर भारत पर हमला कर पंजाब और दिल्ली को वीरान और

बर्बाद कर दिया।

इस काल में वैष्णव और शैव धर्म काफी ज़ोरों पर थे। रामानुज, रामानन्द आदि इसी काल के आसपास हुए। कबीर रामानन्द के ही मुसलमान चेले थे। उन्हीं दिनों इस्लाम के सूफी मत का भी प्रचार इस देश में हुआ। सूफी मत अपने देश के वेदान्त की भाँति सबको ईश्वरमय मानता था। कबीर पर भी उसका गहरा असर पड़ा और उनके प्रचार से हिन्दू और मुसलमान काफी समीप आए।

कबीर

कबीर हिन्दू और इस्लाम, दोनों विचारों के संघर्ष की उपज थे। उन्होंने दोनों की कुरीतियों पर चोट की और दोनों ने कबीर को पूजा। कबीर का समाज पर गहरा और बड़ा अच्छा प्रभाव पड़ा। ज़माने की उथल-पुथल में हिन्दू राजा ऊपर आ गए। चित्तौड़ के राणा कुम्भा ने गुजरात और मालवा दोनों की मिली-जुली सेनाओं को एक साथ हराया और उस जीत की याद में

राणा सांगा

कीर्ति-स्तम्भ

चित्तौड़गढ़ के भीतर अपना कीर्ति-स्तम्भ खड़ा किया। उसी के वंशज और राणा प्रताप के दादा राणा सांगा ने सबसे बड़ा राजपूत साम्राज्य, मालवा और गुजरात से पंजाब तक खड़ा किया।

दिल्ली में पहले सैयद सुल्तान हुए, फिर लोधी। इब्राहीम लोधी लोधियों का अन्तिम सुल्तान था। उसके आचरण से उसके सरदार और हिन्दू राजा इतने बिगड़ उठे कि उन्होंने काबुल के मुगल बादशह बाबर को बुला भेजा। बाबर तैमूर और चंगेज का वंशज था; तेरह साल की उम्र से ही फरगना में लड़ाइयाँ लड़ता रहा था। बार-बार उसने अपने पुरखों का तख्त जीता, बार-बार उसको दुश्मनों ने वहाँ से भगा दिया। तब उसने काबुल पर अधिकार कर लिया। अब दिल्ली के अमीरों और राणा सांगा के बुलाने पर वह हिन्दुस्तान आया और इब्राहीम को हराकर वह दिल्ली की गद्दी पर बैठा।

बाबर

उस समय हिन्दुस्तान का सबसे बड़ा राजा राणा सांगा था। उसे जीते बगैर बाबर का राज्य सुरक्षित नहीं हो सकता था। राणा सांगा बड़ा वीर था, उसके बदन पर अस्सी घाव थे। उसके एक बाँह न थी, एक आँख भी नहीं थी। सीकरी के मैदान में दोनों में भयानक लड़ाई हुई। सूरमा राजपूतों ने तोपों का मुँह बन्द कर दिया। पर अन्त में धोखे में उनकी हार हुई और बाबर सारे हिन्दुस्तान का बादशाह हुआ। उन्हीं दिनों ग्वालियर के राजा से बाबर के बेटे हुमायूं ने प्रसिद्ध कोहिनूर हीरा प्राप्त किया।

13

हुमायूं कमजोर था। बिहार के पठान शेरशाह ने उसे भगाकर दिल्ली का तख्त उससे छीन लिया। उसने मालवा, गुजरात, राजपूताना, और पंजाब जीते। शेरशाह बड़ा लायक बादशाह था। उसने जमीन की नाप कराई, देश को सूबों में बांटा, सड़कें बनवाईं, डाक का इन्तज़ाम किया और रुपया-सिक्का चलाया। उसी के समय मुसलमान सूफी कवि मलिक मुहम्मद जायसी हुआ, उसने हिन्दी का प्रसिद्ध काव्य 'पद्मावत' लिखा। दिल्ली की गद्दी पर चार साल शासन करने के बाद बारूद से जलकर शेरशाह की अकाल-मृत्यु हुई। अगर शेरशाह नहीं मरता तो आज हिन्दुस्तान का इतिहास कुछ और ही होता। शेरशाह के मरते ही हुमायूं ईरान से लौटा और उसने दिल्ली के तख्त पर फिर से कब्ज़ा कर लिया। पर कुछ ही दिनों बाद वह महल की सीढ़ियों से गिरकर मर गया। उसके बाद उसका तेरह साल का लड़का अकबर दिल्ली का बादशाह हुआ, जो तब पैदा हुआ था जब हुमायूं दर-दर भटक रहा था।

हुमायू

अकबर अशोक की तरह ही संसार के सबसे बड़े बादशाहों में से एक है। अशोक की ही भाँति उसने सारे धर्मों को बराबर माना। उनकी अच्छी बातें इकट्ठा कर 'दीन-ए-इलाही' के नाम का अपना एक नया मजहब चलाया। वह पढ़ा-लिखा न था, पर बड़ा बुद्धिमान था और पण्डितों का आदर करता था। उसके दरबार में नवरत्न थे, जिनमें अबुल

फजल और फैजी बड़े लायक थे। अकबर ने हिन्दुओं को भी मुसलमानों के बराबर समझा और उन्हें ऊँचे-ऊँचे पद दिए। उसने मुगलों का साम्राज्य बढ़ाया और उस पर बड़ी बुद्धिमानी से शासन किया। हिन्दू घरानों से ब्याह करने की भी उसने रीति चलाई, जिससे बहुत से राजपूत राजा उसके मित्र हो गए। मेवाड़ ने फिर भी उसके सामने सिर न झुकाया और उसके राणा प्रताप पच्चीस वर्षों तक बराबर स्वतन्त्रता की लड़ाई लड़ते रहे। अकबर ने चित्तौड़ पर भयानक हमला करके उसे बरबाद कर दिया। राणा प्रताप ने हल्दीघाटी में एक बार फिर मुगलों के दाँत खट्टे किए।

अकबर

राणा प्रताप का नाम देशभक्त वीरों की गणना में सबसे पहले लिया जात है।

अकबर के ही समय सूरदास, मीराबाई, तुलसीदास आदि हुए, सिक्खों के गुरु नानक बाबर के समय में मर चुके थे। अकबर ने करीब पचास वर्ष राज्य किया।

राण प्रताप

अकबर के बाद जहांगीर बादशाह हुआ। वह बड़ा न्यायी और कला का ज्ञाता था। उसके शासन काल में चित्रकला ने बड़ी उन्नति की। मुगल-काल के सुन्दर से सुन्दर चित्र उसके समय बने। प्रसिद्ध नूरजहाँ उसी की रानी थी और राजकाज ज्यादातर वही देखती थी। जहांगीर के ही जमाने में यूरोप के लोग उसके दरबार में जगह पाने की कोशिश

गुरु नानक

जहांगीर नूरजहां

करने लगे थे। तभी सर टामस रो इंग्लैंड का दूत बनकर आया था। यूरोप की कई कम्पनियाँ तभी हिन्दुस्तान के साथ व्यापार करने लगी थीं। बुढ़ापे में जहांगीर को उसके बेटे शाहजहाँ ने कैद कर लिया। शाहजहाँ कला का ऊँचा पारखी था। उसके जमाने में अच्छे से अच्छे चित्र बने, अच्छी से अच्छी इमारतें बनी। उसने दिल्ली का लाल किला बनवाया, वहाँ की जामा मस्जिद बनवाई और दुनिया का महान् आश्चर्य आगरा में मुमताज महल का मकबरा, जो ताजमहल नाम से मशहूर है, भी बनवाया। शाहजहाँ के बुढ़ापे में उसके बेटों ने भी बगावत की और

लाल किला

औरंगजेब ने उसे कैद कर लिया। स्वयं वह उसके बनवाए हीरे-जवाहरात-जड़े प्रसिद्ध 'तख्ते-ताऊस' पर बैठा।

ताजमहल

औरंगजेब ने मुगल साम्राज्य को और विस्तार दिया। पर वह कट्टर मुसलमान था और हिन्दू-मुसलमानों में भारी भेद करता था। उसने हिन्दुओं के अनेक मन्दिर तोड़े, जिसका फल यह हुआ कि राजपूत और मराठे दोनों उसके दुश्मन हो गए। वह जिन्दगी-भर लड़ता ही रहा और दक्षिण में मरा।

दक्षिण में कई मुस्लिम रियासतें थीं जो विजयनगर के हिन्दू साम्राज्य

शाहजहां मुमताजमहल

को तोड़कर खड़ी हुई थीं। उन्हीं राज्यों को जीतने के लिए औरंगजेब दक्खिन में बीस बरस तक लड़ता रहा था। उस समय बीजापुर के हिन्दू सरदार शाहजी का लड़का शिवाजी भी उभर रहा था। उसने औरंगजेब और मुसलमान रियासतों की नीति से तंग आकर मराठों का राष्ट्र बनाने का निश्चय किया। मराठा किसानों को संगठित कर उसने उन रियासतों पर धावे बोलने शुरू किए और गढ़ पर गढ़ जीतकर एक मराठा राज्य ही स्थापित कर लिया।

औरंगजेब

इस मराठा राज्य का शासन बड़ी नीति से होता था। यह साम्राज्य दिन पर दिन बढ़ता गया और शिवाजी के बाद तो फैलकर पंजाब तक जा पहुँचा। अठाहरवीं सदी में हिन्दुस्तान में सबसे अधिक शक्ति वाले मराठे ही थे। शिवाजी की बुद्धिमानी, शक्ति और साहस ने पिछड़े मराठों का राष्ट्र बना दिया। औरंगजेब के बाद के मुगल बादशाह और हैदराबाद के निजाम मराठों के नाम से कांपने लगे। बाजीराव पेशवा उनका सबसे बड़ा नेता हुआ। मराठों की शक्ति पानीपत की लड़ाई में अहमदशाह अब्दाली ने तोड़ी। औरंगजेब के बाद भी मुगल बादशाह दिल्ली के तख्त पर बैठे, पर मराठों, जाटों और पठानों की चोट वे न सह सके। ईरान के नादिरशाह ने कोहनूर और तख्त-ताऊस दोनों उनसे छीन लिए। अब्दाली ने दिल्ली पर कब्जा ही कर लिया।

शिवाजी

14

अब एक सर्वथा नई जाति, सात समुद्र पार के अंग्रेजो की बारी आई। अंग्रेज पहले-पहल सौदागर के रूप में हिन्दुस्तान आए। आ तो गए थे ये अकबर-जहांगीर के ही समय में, पर उनके मजबूत शासन में विदेशियों की दाल गली नहीं। जैसे-जैसे हिन्दुस्तान की राजनीति कमजोर पड़ी, वैसे-वैसे ही अंग्रेजों की नीति भी सफल होती गई। अंग्रेजों ही की तरह फ्रेंच, डच और पुर्तगाली लोग भी अपनी-अपनी तिजारती कम्पनियाँ बना-बना कर ताकतवर होने की कोशिश करते रहे। आपसी लड़ाइयों में पुर्तगाली और डच तो बरबाद हो गए, पर फ्रांसीसी और अंग्रेज कम्पनियाँ देशी राजाओं को आपस में लड़ाकर अपने पैर जमाए रहीं। अन्त में क्लाइव ने फ्रांसीसीयों की ताकत तोड़कर उनको हिन्दुस्तान से बाहर कर दिया। क्लाइव पहले अंग्रेज तिजारती सौदागरों के गिरोह, 'ईस्ट इण्डिया कम्पनी' का एक क्लर्क था। इसने प्लासी की लड़ाई जीतकर हिन्दुस्तान में अंग्रेजी राज्य की नींव डाली। घूसखोरी से इसने बड़ा धन कमाया।

क्लाइव

वारेन हेस्टिंग्स क्लाइव के बाद गवर्नर-जनरल बनकर यहाँ आया। उसने घूसखोरी की हद कर दी। बनारस के राजा चेतसिंह और अवध की बेगमों से उसने बड़े जुल्म से धन बटोरा। इस देश में अंग्रेजी राज्य की नींव मजबूत की। घूसखोरी से आजिज आकर पार्लियामेंट के ईमानदार सदस्यों ने उस पर मुकदमा भी चलाया जो सात वर्ष तक चला। सात वर्ष तक विलियम

बर्क उसके खिलाफ लेक्चर देता रहा, पर घूस और दोस्तों की मदद से हेस्टिंग्स साफ बच गया।

वारेन हेस्टिंग्स

नए-नए गवर्नर-जनरल आते गए और देश में अंग्रेजी राज्य बढ़ता गया। पहले अंग्रेजी सरकार देशी रजवाड़ों से सन्धि करती पर उस सन्धि का मतलब राजाओं को अपना मातहत बना लेना था। उन्हीं दिनों जमींदारी की प्रथा भी चलाकर कम्पनी ने प्रजा को एक नए सिरे से चूसना शूरू किया। कम्पनी ने यहाँ का रोजगार तो पहले ही नष्ट कर दिया था। ढाका के महीन मलमल बनाने वाले जुलाहों और कारीगरों के अँगूठे तक कटवा दिए गए थे। कम्पनी यहाँ से कच्चा माल ले जाती और बरमिंघम तथा मैंचेस्टर की मिलों में उससे पक्का माल तैयार कर मनमाने दामों में यहाँ लाकर बेच लेती।

डलहौजी ने यहाँ रेल चलाई और अंग्रेजी शिक्षा की बुनियाद डाली। आज से लगभग डेढ़ सौ वर्ष पहले बम्बई से पहली रेल चली थी और चेन्नै, मुम्बई और कोलकाता में विश्वविद्यालय कायम हुए थे। पर रेल फौज और माल ढोने के लिए बनी। विश्वविद्यालय क्लर्क पैदा करने के लिए बने। डलहौजी ने अंग्रेजों का राज्य बढ़ाने का एक नया तरीका निकाला। पहले राजाओं को लड़का न रहने पर गोद लेने का हक था। अब उसने वारिस न रहने पर राज्यों को अपनी हुकूमत में मिलाना शुरू कर दिया। इससे देश में बड़ी सनसनी फैली।

लार्ड डलहौजी

अंग्रेजों के जुल्म से परेशान होकर और अपना राज्य फिर से कायम करने के लिए उत्तरी भारत में सन् 1857 में एक

नाना फंडवीस रानी लक्ष्मीबाई तात्या टोपे

बगावत हुई। वह हिन्दुस्तान की आजादी की पहली लड़ाई थी। झांसी की रानी लक्ष्मीबाई, दिल्ली के बहादुरशाह, तात्या टोपे, बिहार के कुंवरसिंह विद्रोह के नेता थे। हिन्दू-मुसलमान दोनों एक होकर उसमें लड़े। पहले आग सेना में भड़की। वह मेरठ और बारकपुर से निकलकर दिल्ली, आगरा, बरेली, लखनऊ, फैजाबाद, झांसी, कानपुर, आरा और पटना तक फैल गई। अंग्रेज अधिकतर मार डाले गए और एक बार अंग्रेजी राज्य की जड़ें इस जमीन से उखड़-सी गईं। राजवाड़ों ने इसके खिलाफ अंग्रेजों की मदद की, पर बड़ी मुश्किल से यह विद्रोह दबाया जा सका।

तात्या टोपे और लक्ष्मीबाई ने अद्भुत नेतृत्व किया। अंग्रेजों ने लिखा है कि रानी के बराबर लायक जनरल तब न अंग्रेजों के पास था, न हिन्दुस्तानियों के। वे मर्द के वेश में लड़ती हुई मारी गईं। उनका नाम इतिहास में अमर हो गया। हजारों की संख्या में हिन्दुस्तानी फांसी पर चढ़ा दिए गए। तब पार्लियामेंट ने कम्पनी के कारनामे समझे और उसे तोड़कर हिन्दुस्तान का राज्य अपने हाथ में लिया।

बहादुरशाह

मलका विक्टोरिया हिन्दुस्तान की रानी बनी और उसकी ओर से वायसराय आकर अब इस देश पर शासन करने लगे।

15

धीरे-धीरे भारत में राष्ट्रीयता का प्रचार हुआ और लोगों में स्वराज्य की लगन लगी। विद्या के प्रचार से तो आजादी के लिए लोगों के दिलों में ज़गह हो ही गई थी, राष्ट्रीय कांग्रेस ने भी उसका खूब प्रचार किया। सन् 1885 में कांग्रेस की नींव पड़ी। शुरू में तो कांग्रेस ने केवल सरकारी नौकरियाँ माँगी, बाद में वह राजनीतिक अधिकार की भी माँग करने लगी। दादाभाई नौरोजी, सुरेन्द्रनाथ बनर्जी, गोपालकृष्ण गोखले, बाल गंगाधर तिलक, आदि ने अपने-अपने तरीके से आजादी माँगी। इन लोगों के नेतृत्व में कांग्रेस की ताकत बढ़ी और जनता में उसका प्रचार हुआ। धीरे-धीरे महात्मा गांधी ने उसकी बागडोर सँभाली।

यह कांग्रेस की ही माँग का नतीजा था कि 1905 में शासन के तरीकों में सुधार हुए। उन सुधारों को 'मार्ले-मिण्टो सुधार' कहते हैं। इससे मुसलमानों को अलग अधिकार दिए गए, पर स्वराज्य का सवाल हल नहीं हुआ।

गोपालकृष्ण गोखले

मोहनदास करमचन्द गांधी काठियावाड़ के एक सम्पन्न परिवार के थे। विलायत जाकर उन्होंने वकालत पास की और लौट कर हिन्दुस्तान में वकालत करने लगे। अफ्रीका में कुछ दिनों रहकर उन्होंने सच्चाई और

अहिंसा से अंग्रेजों का मुकाबला किया। उनका सच पर अमिट विश्वास था और अपनी लड़ाई में वे सच्चाई और अहिंसा का इस्तेमाल करते थे।

महात्मा गांधी

अहिंसा से उनका अर्थ था–मन, काम और बात, किसी से दूसरे का जी न दुखाना। वे कहते थे, कोई तुम्हारे बाएँ गाल पर थप्पड़ मारे तो दाहिना गाल भी उसके सामने कर दो। उसका बुरा न सोचो, उसे सुधारो। सत्य और अहिंसा से सब कुछ प्राप्त किया जा सकता है–स्वराज्य भी। अपने काम के तरीकों को वे 'सत्याग्रह' कहते थे, इसी से उनका नाम महात्मा गांधी पड़ गया।

महात्मा गांधी द. अफ्रीका से हिन्दुस्तान आए। यूरोप में पहला महायुद्ध छिड़ा था। महात्मा गांधी ने सरकार की मदद की। लाखों हिन्दुस्तानी सिपाही यूरोप में जाकर लड़े और अंग्रेजों के लिए उन्होंने लड़ाई जीती। लोगों को आशा थी कि इससे हिन्दुस्तान को आजादी मिलेगी। पर आजादी मिलना तो दूर रहा, 'रौलट एक्ट' नाम का कानून बनाकर उल्टे सरकार ने हिन्दुस्तान पर जुल्म करना शुरू किया। पंजाब के जलियाँवाला बाग में अंग्रेज जनरल डायर ने सभा में आई निहत्थी भीड़ पर मशीनगन चलाकर तीन सौ आदमियों की हत्या कर दी। देश भर में हड़ताल हुई और महात्मा गांधी ने सन् 1920 में कांग्रेस पर अधिकार कर सरकार से असहयोग करने का आन्दोलन छेड़ा। सरकारी नौकरों ने नौकरी छोड़ दी, विद्यार्थियों ने स्कूल-कालेज छोड़ दिए। तय किया कि हिन्दुस्तानी अंग्रेजी सरकार से किसी प्रकार का सम्बन्ध न रखेंगे। हिन्दू मुसलमान दोनों गांधी जी के झण्डे के नीचे आ खड़े हुए। मोतीलाल नेहरू, चित्तरंजन दास, विट्ठलभाई पटेल, सरोजिनी नायडू, मौलाना मुहम्मद अली, शौकत अली, हकीम अजमल खाँ, लाला लाजपतराय,

अबुलकलाम आजाद, डाक्टर अन्सारी, राजेन्द्रप्रसाद, राजगोपालाचारी वगैरह गांधी जी के साथ आगे आए और आन्दोलन और जोर से चलाया। नौजवानों के आगे जवाहरलाल नेहरू और सुभाषचन्द्र बोस थे। 1919 ईस्वी में भी शासन में कुछ सुधार हुए थे। पर वे इतने तुच्छ थे कि नेताओं ने ठुकरा दिए। सरकार ने महात्मा गांधी के असहयोग आन्दोलन का जवाब हजारों को जेल में ठूंस कर दिया। पर आजादी की माँग बढ़ती गई।

लाला लाजपतराय

उधर कुछ नौजवानों में यह भावना जागी कि अहिंसा से कुछ नहीं होने का और उन्होंने अंग्रेजों का सामना पिस्तौल और बमों से करने की ठानी। बंगाल, महाराष्ट्र और पंजाब में अनेक नौजवान शहीद हुए और फांसी के तख्ते पर चढ़ गए। चन्द्रशेखर आजाद, सरदार भगतसिंह उन्हीं में थे।

जवाहरलाल नेहरू

गांधी जी ने कुछ सत्याग्रह और किए, जैसे नमक सत्याग्रह और लगान सत्याग्रह। इनके जवाब में भी सरकार ने सत्याग्रहियों पर गोलियाँ और लाठियाँ बरसाईं। महात्मा गांधी को अछूतों को देखकर बड़ी पीड़ा होती थी। उन्होंने उनका नाम बदलकर 'हरिजन' यानी भगवान् के आदमी कर दिया। वे उनके उद्धार में लगे उनके लिए उन्होंने मन्दिरों के द्वार खुलवा दिए।

सन् 1935 में सरकार ने शासन

में और सुधार किए और दिल्ली में पार्लियामेंट स्थापित हुई, पर उससे लोगों की आजादी की भूख न मिटी। आजादी का आन्दोलन दिन दूना रात चौगुना बढ़ रहा था। सन् सैंतीस में नया चुनाव हुआ तो कांग्रेस जीती और उसने ग्यारह में से नौ सूबों में अपनी सरकार बनाई। उसकी यह विजय जवाहरलाल नेहरू के कारण अधिक हुई। जवाहरलाल अब महात्मा गांधी के बाद इस देश के सबसे बड़े नेता थे।

चन्द्रशेखर आजाद

कुछ ही समय बाद यूरोप में दूसरा महायुद्ध छिड़ा, जो संसार-भर में फैल गया और छह वर्ष चला। उसमें कांग्रेस ने सरकार की मदद न की और मदद के बदले पूरी आजादी माँगी। सरकार के इन्कार करने पर गांधीजी ने 'भारत छोड़ो' का नारा बुलन्द किया। इस पर सरकार ने हिन्दुस्तान के सारे कांग्रेसी नेताओं को कैद कर लिया। फिर तो देशभर में आग भड़क उठी। लोग सरकारी थाने जलाने लगे। रेल की लाइनें उखाड़ दी गईं और अनेक प्रकार से भारतीयों ने आक्रोश का प्रदर्शन किया। सरकार ने बड़े अत्याचार से उस आन्दोलन को दबाया।

इस बीच जापान बर्मा तक आ पहुँचा। उसने कलकत्ता पर भी कुछ बम गिराए। सुभाषचन्द्र बोस, जो हिन्दुस्तान से भागे थे, तब बर्मा में थे। उन्होंने हिन्दुस्तानी सिपाहियों की एक सेना तैयार की जिसका नाम उन्होंने 'आजाद हिन्द फौज' रखा और आजादी की लड़ाई बाहर से छेड़ी। एक दिन हवाई जहाज से जाते हुए उसके गिर पड़ने से जलकर उनकी मृत्यु हो गई। देश का लाजवाब रत्न खो गया।

सरदार भगतसिंह

सन् 1945 में दूसरा महायुद्ध खत्म हुआ। रूस ने हिटलर को हराकर यूरोप की रक्षा की। इधर अमेरिका ने लाखों जापानियों को मारकर जापान को दुर्बल कर दिया।

कुछ समय से सरकार हिन्दु-मुसलमानों को लड़ाए रखने की नीति बरत रही थी। उसी का नतीजा मुस्लिम लीग था, जिसने मुसलमानों को अधिकारों के लिए अलग से लड़ाना शुरू किया। बाद में उनके नेता मुहम्मद अली जिन्ना हुए जिन्होंने हिन्दुस्तान के बँटवारे के लिए आन्दोलन शुरू किया। पंजाब, बंगाल और सिन्ध में मुसलमान ज्यादा थे। उन्होंने इन हिस्सों को मिलाकर पाकिस्तान नाम से मुसलमानों का अलग राज माँगा। हिन्दू-मुसलमानों में अनबन हुई, झगड़े हुए और दोनों ओर के गुण्डे लोगों को मारने-पीटने लगे। बम्बई, बंगाल, बिहार की धरती हिन्दू-मुसलमानों के लहू से रंग गई। सरकार को तो यह मंजूर था ही, कांग्रेस ने भी गांधी के विरोध के बावजूद बँटवारा मंजूर कर लिया। हिन्दुस्तान दो हिस्सों में बँट गया। लार्ड माउण्टबेटन तब वायसराय थे। उन्हीं के इन्तजाम से 15 अगस्त, सन 1947 को पश्चिमी पंजाब, उत्तर-पश्चिमी सीमाप्रान्त, सिन्ध, बिलोचिस्तान और पूर्वी बंगाल मिलाकर पाकिस्तान बना। बाकी देश हिन्दुस्तान या भारत रहा।

अंग्रेजों के सम्बन्ध से भारत का कुछ लाभ तो हुआ। देश में राष्ट्रीयता फैली, प्रजातन्त्र कायम हुआ, देशी रजवाड़े कुछ पाकिस्तान में, बाकी हिन्दुस्तान में मिल गए। रेल, सड़कें, तार, डाकखाने बने, विज्ञान का प्रचार हुआ। हमारे साहित्य और सभ्यता पर भी उसका गहरा असर हुआ और अनेक यूरोपीय विद्वानों ने हमारे इतिहास को फिर से खोजकर लिखा। ये सब हमारे लाभ की चीजें हुईं।

16

परन्तु देश दो भागों में बँट गया, यह बड़ा बुरा हुआ। फिर भी शान्ति न हुई और पन्द्रह अगस्त के बाद हिन्दुस्तान और पाकिस्तान में फिर घोर दंगे भड़के। लाखों हिन्दू मुसलमानों ने मार डाले और लाखों मुसलमान हिन्दुओं ने मार डाले। औरतों और बच्चों पर भी भयानक अत्याचार हुए। लाखों के घर टूट गए।

गांधी जी के दुःख का ठिकाना न रहा। वे हिन्दू और मुसलमानों को जिन्दगी-भर गले मिलाते रहे थे। अब उनसे उनका एक-दूसरे का खून करना देखा न गया। पर कुछ कट्टर हिन्दू महात्माजी के भी दुश्मन हो गए थे और एक दिन 30 जनवरी सन् 1948 की शाम को पाँच बजे जब वे दिल्ली की प्रार्थना सभा में बोलने खड़े हुए, तब एक हिन्दू ने उन पर पिस्तौल छोड़ी। उनको तीन गोलियाँ, एक के बाद एक लगीं। महात्माजी ने हाथ जोड़ दिए और गिरते वक्त उनकी जबान पर आखिरी नाम भगवान् का था। हे राम! देश भर में अँधेरा छा गया। पण्डित जवाहरलाल नेहरू ने शाम को रेडियो पर कहा, ‘‘हमारे जीवन से प्रकाश चला गया है और चारों ओर अँधेरा छा गया है !’’

हिन्दुस्तान अब प्रजातन्त्र बन चुका है। हमारे पहले प्रधानमंत्री पण्डित जवाहरलाल नेहरू थे, जो चौदह साल तक हिन्दुस्तान की आजादी के लिए जेल में बन्द रहे। देश को प्रगति के रास्ते पर आगे बढ़ाने के लिए उन्होंने योजनाएँ और रूपरेखा बनाईं। उनके बाद के प्रधानमंत्री श्री लालबहादुर शास्त्री ने उस पर अमल किया। श्री लालबहादुर शास्त्री के प्रधानमंत्रित्व-काल में भारत को पाकिस्तान के हमले का मुकाबला करना पड़ा। इस हमले को विफल करते हुए हम विजयी रहे। लालबहादुर

शास्त्री भारत-पाक शान्ति-समझौते पर बात करते हुए रूस के नगर ताशकन्द में स्वर्गीय हो गए।

तदुपरान्त श्रीमती इन्दिरा गांधी भारत की प्रधानमंत्री बनीं। इनके समय में देश आगे बढ़ा। उनके शासन काल में पाकिस्तान के अपने ही हिस्से, पूर्वी पाकिस्तान पर वहाँ के सैनिक शासक द्वारा अपने अधिकार की माँग करनेवाली जनता पर घोर बर्बरतापूर्ण अत्याचार और जोर-जुल्म को भारत ने ही बन्द करवाया। उसने पूर्वी पाकिस्तान की जनता को उचित अधिकार दिलाकर स्वतन्त्र बंगला देश के निर्माण में भी सहयोग

दिया, क्योंकि वहाँ की जनता सैनिक शासन के अत्याचारों से ऊबकर अपनी स्वायत्तता के अधिकार में कुछ भी कमी नहीं चाहती थी। हिन्दुस्तान गुलाम देशों को आजाद कराने और संसार में शान्ति कायम करने का प्रण कर चुका है। उसके महान् नेता महात्मा गांधी की यही इच्छा थी।

भारत विश्व का सबसे अधिक आबादी वाला एकमात्र गणतन्त्र है। भारत के नेताओं ने यहाँ के लिए लोकतान्त्रिक शासन प्रणाली को चुना था परन्तु 25 जून 1975 को श्रीमती गांधी ने भारत में आपात्काल की घोषणा कर दी। भारत की जनता ने इसे मन से स्वीकार नहीं किया और जब 1977 में श्रीमती गांधी ने दुबारा चुनाव कराने की घोषणा

की तो उस आपात्काल की अस्वीकृति के रूप में जनता ने श्रीमती गांधी के स्थान पर जनता पार्टी को विजयी बनाया।

परन्तु जनता पार्टी में तीन वर्ष के शासन में आपसी फूट और सत्ता के लिए दलबदल के कारण एक बार फिर लोगों ने इन्दिरा गाँधी को सत्ता में आने का अवसर दिया। चार वर्ष शासन करने के बाद 31 अक्टूबर 1984 को खालिस्तान-समर्थक उग्रवादियों ने उनकी हत्या कर दी। उसके बाद उनके सुपुत्र श्री राजीव गांधी देश के प्रधानमंत्री बने।

सन् 1989 में जब चुनाव हुए तो किसी भी दल को स्पष्ट बहुमत नहीं मिला। मिली-जुली सरकार के नए प्रधानमंत्री के रूप में पहले विश्वनाथ प्रताप सिंह और बाद में कुछ समय के लिए चन्द्रशेखर ने देश की बागडोर संभाली। सत्ता के लिए फिर विघटन हुआ। पुनः चुनावों की घोषणा हुई। इसी समय 21 मई, 1991 को जब राजीव गांधी श्रीपेरम्बदूर में एक चुनाव सभा में जा रहे थे तो उनकी एक बम विस्फोट द्वारा हत्या कर दी गई। चुनाव में भी स्पष्ट बहुमत न रहा। फिर भी नरसिंह राव देश के नए प्रधानमंत्री बने। नरसिंह राव की सरकार कांग्रेस की अन्तिम सरकार सिद्ध हुई। ध्यान देने योग्य बात यह है कि स्वतन्त्रता के बाद से अब तक एक-दो छोटे-बड़े अपवादों, जिनका उल्लेख ऊपर आ चुका है, को छोड़कर देश पर कांग्रेस का ही राज रहा।

नरसिंह राव के बाद फिर मिली-जुली सरकार आई। यह कुछ दिनों की मेहमान रही। जनता-दल की सरकार बनी जिसके प्रथम प्रधानमंत्री देवगौड़ा हुए। फिर आई.के. गुजराल प्रधानमंत्री बने।

अभी भारतीय जनता पार्टी के नेतृत्व में गठबन्धन सरकार चल रही है। इसके कई घटक दल है जैसे समता पार्टी, जनता दल (यू) तृणमूल कांग्रेस आदि। इसके नेता अटल बिहारी वाजपेयी हैं। ये पढ़े-लिखे कवि-हृदय व्यक्ति हैं। वर्तमान उप प्रधानमंत्री श्री लालकृष्ण आडवाणी के ही प्रयास से भारतीय जनता पार्टी सत्ता में आई और वाजपेयी प्रधानमंत्री बन सके।

जो हो, पिछले कुछ वर्षों में हमारे राष्ट्र ने प्रचुर प्रगति की है। एटम बम बनाने की प्रक्रिया तो इन्दिरा गांधी के काल में ही आरम्भ हो गई थी पर वाजपेयी सरकार के समय पोखरन में उसका विस्फोट हुआ। देश न्यूक्लियर शक्तियों की पंक्ति में आ गया। इसका विरोध भी बहुत हुआ। अमरीका ने कई प्रतिबन्ध लगा दिये। आर्थिक दिक्कतें भी आईं पर भारत झुका नहीं। ये प्रतिबन्ध भी धीरे-धीरे हटा दिए गए।

आज भारत एक सशक्त और स्वावलंबी देश है। पहले यहाँ अकाल फैलता था, लोग अन्न के बिना मरते थे। आज हम इतना अन्न पैदा करते हैं कि उसे विदेशों को निर्यात करना पड़ता है।

वैज्ञानिक क्षेत्र में भी हम आगे बढ़े हैं। हमारे उपग्रह अन्तरिक्ष में स्थापित हैं। सूचना एवं औद्योगिकी के इस युग में हम इस क्षेत्र में भी किसी से कम नहीं हैं। हमारे कम्प्यूटर और इंटरनेट इंजीनियरों की बाहर बहुत माँग है। हमारे डॉक्टर और इंजीनियर कई देशों में कार्यरत है। इन सबके अगुआ डॉ. अब्दुल कलाम अब भारत के राष्ट्रपति बन गए हैं।

स्वतंत्रता-प्राप्ति के पश्चात् हमारे यहाँ बिना पढ़े-लिखे लोगों की भीड़ थी। साक्षरता अभियान चलाकर हमने कितने ही लोगों को साक्षर बनाया, परन्तु इस क्षेत्र में हमें अभी बहुत कार्य करना है।

इधर हमें कश्मीर में आतंकवादियों का सामना करना पड़ रहा है। जब से पाकिस्तान में सैनिक शासक के रूप में जनरल मुशर्रफ आए हैं तब से सीमा पार से आतंकवादी गतिविधियाँ बढ़ गई हैं।

जो हो, भारत आज विकासशील नहीं, विकसित राष्ट्रों की पंक्ति में खड़ा है। संसार के शेष देश, विश्व के इस सबसे बड़े गणतंत्र के महत्व को समझने लगे हैं। फिर भी हम बैठे नहीं हैं, चल रहे हैं। चलते रहेंगे। हमारे चिन्तकों ने हमें चरैवेति, चरैवेति का सन्देश दिया है।

□□